U0747865

中国语境下的
外语在线学习有效性研究：
基于"大学日语"系列慕课的实践

张文丽 著

西安交通大学出版社
XI'AN JIAOTONG UNIVERSITY PRESS

图书在版编目(CIP)数据

中国语境下的外语在线学习有效性研究：基于"大
学日语"系列慕课的实践 / 张文丽著. -- 西安：西安
交通大学出版社，2025. 8. — ISBN 978 - 7 - 5693 - 4198 - 0

Ⅰ. H369.3 - 39

中国国家版本馆 CIP 数据核字第 2025WZ3799 号

书　　名	中国语境下的外语在线学习有效性研究：基于"大学日语"系列慕课的实践
	ZHONGGUO YUJING XIA DE WAIYU ZAIXIAN XUEXI YOUXIAOXING YANJIU：JIYU "DAXUE RIYU" XILIE MUKE DE SHIJIAN
著　　者	张文丽
责任编辑	蔡乐芊
责任校对	高海梦
装帧设计	伍　胜

出版发行	西安交通大学出版社
	（西安市兴庆南路 1 号　邮政编码 710048）
网　　址	http://www.xjtupress.com
电　　话	(029)82668357　82667874(市场营销中心)
	(029)82668315(总编办)
传　　真	(029)82668280
印　　刷	西安五星印刷有限公司

开　　本	710mm×1000mm　1/16	印张　12.75	字数　216 千字
版次印次	2025 年 8 月第 1 版　　2025 年 8 月第 1 次印刷		
书　　号	ISBN 978 - 7 - 5693 - 4198 - 0		
定　　价	88.00 元		

如发现印装质量问题，请与本社市场营销中心联系。
订购热线：(029)82665248　(029)82667874
投稿热线：(029)826656371

前　言

　　本书是 2018 年国家社会科学基金一般项目"中国语境下外语在线学习有效性研究"的最终成果。近年来，我国的在线教育，特别是慕课为广大学习者提供了灵活、便捷且高质量的教育资源，为推动教育公平和普及终身学习理念发挥了重要作用，已经形成了政府、社会、高校多主体协同创新的中国特色发展模式。中国慕课建设和应用规模均位居世界第一。

　　笔者和团队成员建设的"大学日语"系列慕课，自 2018 年在中国大学 MOOC 平台上线以来，合计选课人数已超过 100 万。除中国大学 MOOC 平台以外，该系列慕课也在智慧树等多个平台共享。中国大学 MOOC 平台提供的数据显示，不仅有来自国内知名高校的学习者，同时也有来自哥伦比亚大学、伦敦大学、首尔大学等全球各地的选课者，课程共享范围广，具有相当的社会影响力。另外，根据智慧树平台提供的共享课程运行质量报告，该系列慕课西部高校选课人数较多，学生在课程内容、教学设计等方面显示了很高的认可度，说明该系列慕课不仅为在校学生提供了优质学习资源，也对缩小地区间教育差距作出了实际贡献。经过团队几年的努力，"大学日语"系列慕课先后获批国家级线上一流课程（2020 年）和国家级线上线下混合式一流课程（2023 年）。这些课程的建设，不仅是对适合我国国情的多种类型课程创新实践的有益探索，还提供了一个中国语境下切实可行的教学设计框架，在深化教育教学改革中起到了示范引领作用。

　　基于笔者和团队成员的学科背景，本书以外语慕课为主要研究对象，数据主要来自团队建设的"大学日语"系列慕课的线上资料，以及面向学习者和教师开展的问卷调查、采访调查等。全书主要内容包括"大学日语"系列慕课的建设与应用（第 2 章）、在线课程质量评价研究（第 3 章和第 4 章）、在线交互研究（第 5 章至第 8 章）、混合式教学模式案例分析及口语混合式教学模式的影响因素（第 9 章和第 10 章）、信息化背景下的教师专业发展（第 11 章）。

团队注重教研结合,在系列慕课建设中采取了"实践—研究—再建设"和"实践—再研究"的循环往复的方式:首先在慕课和混合式教学实践的过程中发现问题、总结问题;进而基于实践需要和问题导向,以实践为基础开展研究;最终将研究成果及时反映到实践中去,用实践验证研究结果,实现教学和研究的结合。这个循环往复的过程反映出慕课建设中教师成为研究主体,也践行了"教学也是学术"的理念。

感谢我的同事赵蔚青、曹红荃、孙莉、沈丽芳、张伟莉、王晶和任宏昊,我们不仅共同建设了系列慕课,还申请了多项教改项目,撰写了实践报告和研究论文。在此过程中,大家相互支持,收获了许多宝贵的经验。此外,我的研究生李霞、黄韵涵、周童、韦玮、董一诺和吴纯纯也积极参与了调查、数据分析和部分章节的撰写工作。特别感谢所有参与慕课学习并给予反馈的学生们,正是他们的实际需求和宝贵意见,促使我们不断优化教学内容和方法,推动了项目的持续进步。在本书的成书过程中,西安交通大学出版社的蔡乐芊编辑态度严谨,对书稿进行了细致的审校,在此表示衷心的感谢。

本书主要探讨 2013 年至 2023 年这 10 年间外语慕课这种在线学习形式。近几年来,随着人工智能技术的迅猛发展和智慧课程的不断推进,外语在线教育呈现出全新的局面,面临新的挑战。期望更多的一线外语教师、外语学科及教育学科的研究生能够针对不断变化的在线学习中的关键问题,展开更加深入的研究。

本书在论述过程中难免存在疏漏和不足之处,恳请读者不吝赐教!

著　者

目 录

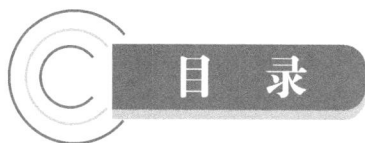

第1章 导 论

本章1.1节阐述了本书的研究目的,在概述中国语境下外语在线教育特点的基础上,指出在线交互研究、混合式教学研究、教师发展研究的必要性。1.2节阐述了本书的框架结构和各个部分的主要内容。

1.1 研究目的

1.1.1 中国语境下的外语在线教育

我国外语教育信息化70年的实践历程是信息技术与外语教育不断融合的历程。关于我国外语教育信息化的发展阶段,胡杰辉(2020)指出,我国外语教育信息化发展历程可分为三个阶段:第一,外语电化教学阶段(1949—1997),以1978年改革开放初期全国外语教育座谈会为分界,分为艰难探索期和蓬勃发展期;第二,计算机网络辅助教学阶段(1998—2011),以2004年教育部发布的《大学英语课程教学要求(试行)》为标志,分为单机助教期和网络助学期;第三,信息技术与外语教育深度融合阶段(2012—2019),以2018年《教育信息化2.0行动计划》为分水岭,分为"互联网+外语教育"期和"人工智能+外语教育"期。

可以看出,从2012年开始,互联网在外语教育中发挥着越来越重要的作用。2018年起,教育部和国务院陆续发布了《教育信息化2.0行动计划》和《中国教育现代化2035》两个文件。这两个文件是以教育信息化、教育现代化为主题的中长期战略规划,为中国的教育信息化发展制定了顶层设计,明确了实施路径。在教育信息化发展的过程中,在线教育,尤其是慕课①(MOOC),即大规模在线开放课程(Massive Open Online Course)的发展尤为突出。

自2012年慕课元年②开始,慕课、小规模限制性在线课程(Small Private

---

① 下文中除中国大学MOOC等平台名称以外,全书都使用慕课这个中文释义。

② 2012年,全球多所顶尖高校,如斯坦福大学、哈佛大学等陆续设立网络学习平台,在这些平台上提供免费课程,这也标志着慕课的兴起,所以,这一年也被有的人称为"慕课元年"。

Online Course，SPOC)①等教育行业的信息技术化改革方式层出不穷，我国在线开放平台和课程爆发式增长，目前已经建成数十个慕课平台，呈现出多种组织模式并存的特点。其中，中国大学 MOOC 平台是最重要的国家级在线教育平台之一，它成立于 2013 年，由中国高等教育出版社主办，是教育部在线教育研究中心的重要组成部分。平台汇集了来自中国顶尖高校和教育机构的优质课程资源，涵盖了广泛的学科领域。在教育部的积极引导下，我国高水平大学率先开展大规模在线开放课程建设，更多高校积极参与探索和创新适合我国国情的多种类型在线开放课程应用②。一些知名高校如清华大学、北京大学、复旦大学等，也积极参与慕课建设，开设高质量的慕课课程，为各平台提供丰富的教学资源。同时，中国积极参与国际合作，与国外的高校和机构开展慕课课程合作，扩大了中国慕课的国际影响力。许多海外学习者通过慕课平台学习中国的语言、文化和学科知识，促进了中外文化的交流。

截至 2018 年初，中国已经有 460 多所高校参与建课，3200 余门慕课上线，600多万大学生获得慕课学分，5500 万高校学生和社会学习者选修慕课③。到 2020年，各慕课平台上线课程已达 3.2 万门，获得慕课学分的在校生超过 1.4 亿，社会学习者学习浏览量突破 100 亿④。在平台和课程数量方面，我国已经成为名副其实的在线教育大国。我国的在线课程建设已经形成了政府、社会、高校多主体协同创新的中国特色发展模式，具有课程种类及层次丰富、学习者意愿强等特点（赵宏等，2017）。

在慕课快速发展的背景下，2015 年教育部提出构建具有中国特色的在线开放课程体系和课程平台⑤，2019 年教育部又发布《关于一流本科课程建设的实施意见》⑥，自此在全国范围内掀起了一流课程建设的热潮。教育部于 2020 年 11 月认定了 5116 门课程为首批国家级一流本科课程。其中，线上一流课程 1873 门，线上

---

① 由美国加州大学伯克利分校教授阿曼多·福克斯（Armando Fox）最早提出，是一种融合了慕课与传统课堂教学的混合式教学模式。

② 具体信息见 http://www.moe.gov.cn/jyb_xwfb/gzdt_gzdt/s5987/201504/t20150428_187562.html。

③ 具体信息见 https://www.sohu.com/a/217486760_372464。

④ 具体信息见 https://www.gov.cn/zhengce/2020-12/01/content_5566135.htm。

⑤ 具体信息见 http://www.moe.gov.cn/jyb_xwfb/gzdt_gzdt/s5987/201504/t20150428_187562.html。

⑥ 具体信息见 http://www.moe.gov.cn/srcsite/A08/s7056/201910/t20191031_406269.html。

线下混合式一流课程 868 门。首批国家级一流本科课程公布后,教育部高等教育司负责人在答记者问时指出了国家级一流本科课程的三个特点:一是课程质量高、二是课程类型多样、三是参与范围广①。2023 年 6 月,教育部公布了第二批国家级一流本科课程认定结果,认定 5750 门课程为第二批国家级一流本科课程,其中,线上课程 1095 门,线上线下混合式课程 1800 门。打造国家级一流本科课程,其主要目的是推动高等教育教学改革。近年来,一流本科课程在深化教育教学改革中的示范引领作用逐渐得到凸显,其中,线上课程和线上线下混合式课程的建设、认定也成为中国在线课程建设的重要特征。

在建设一流课程的过程中,"两性一度"的概念逐渐被教育管理者、专家和一线教师所熟知。"两性一度"是一流课程(也称"金课")的三个标准,其中"高阶性"指要达到知识、能力、素质的有机融合,培养学生解决复杂问题的综合能力和高级思维能力;"创新性"涉及三个方面,即课程内容反映前沿性和时代性,教学形式呈现先进性和互动性,学习体现探究性和个性化;"挑战度"是指课程要有一定难度,要求学生要"跳一跳才能够得着"(吴岩,2018)。这个标准指明了课程建设的方向:从教学的整体要求来看,课程在拓宽学生知识体系的同时,要加大深度,跳脱原有的框架,让学生具备更高的视野,同时教师也需要及时更新知识,不断反思和总结,不断调整,不断优化。从教学设计的角度来看,课程中涵盖的知识要体现前沿性与时代性,要加入研究性、创新性、综合性内容,加大学生学习投入,让学生体验"跳一跳才能够得着"的学习挑战(杨晓宏 等,2021)。

在线教育作为一种新兴的教育形式,突破了地域和时间的限制,使学习成为一种随时随地都可以进行的活动。同时,在线教育提供了丰富的教育资源,使得学习者可以根据自己的需求和兴趣选择学习内容。最后,在线教育以其个性化、互动性的特点,激发了学习者的学习兴趣和动力。在过去的几年里,我国在线教育,特别是慕课建设实践,取得了令人瞩目的成果。这种新型的教育方式为广大学习者提供了灵活、便捷且高质量的教育资源,为推动我国教育公平化和终身学习理念的普及发挥了重要作用。但是,我国的在线教育仍面临一些挑战,需要解决很多问题,例如在线课程的提质增效,在线评价的合理性提升,在线教育交互性的拓展,慕课与传统教学的结合,以及信息化大背景下教师的专业发展,这些问题都需要我们进行深入的研究和探索。

---

① 　具体信息见 https://www.gov.cn/zhengce/2020-12/01/content_5566135.htm。

中国已经进入世界在线教育引领者行列。本书从我国实际出发，在微观视角下，对在线教育的各个方面进行系统性研究。本书对慕课建设、质量评价、在线交互、混合式教学、教师专业发展等课题进行深入探讨，以期为外语在线教育的发展提供有益的参考和建议。

鉴于笔者和团队成员所属学科的特点和属性，本书以外语慕课为研究对象，多个章节的数据取自团队建设的"大学日语"系列慕课，期待以小见大，见微知著，对中国语境下的外语在线教育的相关研究提供可以参考和借鉴的思路。

1.1.2　在线学习中的交互

在线教育快速发展，呈现出很多传统教育不具备的优点：第一，在线教育在时间和空间上比较灵活。与线下教育相比，学习者可以选择合适的时间，在任何有网络的地方学习。第二，由于在线教育的教学内容可重复观看，学生可以有针对性地学习。第三，在线教育的大规模属性使得很多人可同时享受优质的在线资源。第四，有利于优质教育资源的普及和推广。虽然在线学习有灵活性、适合个性化学习、规模大、质量优等优点，但是，线上教育也有明显的缺点，例如，对学习者的自觉性要求更高，需要学习者能自我激励，有较强的时间管理能力，师生无法面对面交流，互动性较差等。

在外语学习中，师生互动、生生互动非常重要，互动不仅是学习语言的手段，更是促进语言技能提高和语言应用能力发展的有效途径。在外语教育中，常常使用交互这个概念，指学习者通过与他人或环境进行语言交流和互动。交互在外语学习中起着至关重要的作用，首先，从语言学习的角度，交互对提升学习效果的益处在于以下四个方面：第一，交互为学习者提供了实践语言的机会，通过与其他人交流，学习者可以使用他们所学到的语法、词汇和表达方式，从而加深对语言知识的理解和掌握。第二，通过与其他人对话，学习者可以提高理解能力和口语技能，调整理解策略和产出策略。第三，在交互过程中，学习者会得到及时反馈，修正误用，促进语言能力的提高。第四，交互使学习者能够在真实情境下使用语言，掌握更多实用的表达方式和词汇，使学习成果更加丰富和实用。第二，从情感角度来说，交互可以激发学习者的兴趣。与其他学习者一起交流，可以增加学习的乐趣和动力。通过分享学习经验、互相帮助和支持，学习者更容易保持积极的学习态度。最后，通过与不同语言的对话者交流，学习者可以更好地了解并适应不同文化背景下的交际方式和习惯,提高跨文化交际的能力。

综上所述,交互不仅对语言学习本身有益,还对激发学习者兴趣,提高跨文化交际能力有帮助。外语专业自身的学科特点要求学习过程中应该有更多的交互。但是,与课堂教学不同,在线课程将教和学分离开来,师生交互和生生交互与传统意义上交互的形式、内涵完全不同。在线教育可能会给语言学习带来负面影响。首先,时空分隔的线上学习缺少即时反馈,学习者的问题可能要间隔数个小时甚至数日才能得到教师的回复。其次,在线学习减少了口语练习机会,目前在线交互普遍使用讨论区或者论坛,采用文字输入的方式进行交互。再次,线上学习缺乏真实语境,多依靠教师设置的任务进行学习。最后,在线学习往往以自主学习为主,学习者可能无法获得足够的动力或机会参与交流,导致学习过程缺乏交互和活力。所以,在教、学时空分离的慕课学习中,如何实现有效交互,成为外语慕课建设的关键所在,也是本书讨论的最重要的问题之一。

有研究表明,在线交互能够展现学习者在网络学习过程中的行为,因此针对在线交互的研究成果颇丰。部分研究指出,各种形式的在线交互活动能够有效缩小远程学习者在时空分离状态下的交互距离感,进而有力地推动远程学习的进行(Moore,1989)。然而,针对中国慕课教学交互状况的大规模调查发现,慕课课程的整体交互水平相对较低且存在严重的不平衡现象(孙洪涛 等,2016);大部分学习者并未充分融入课程的讨论与交流,难以构建有效的社会网络关系,从而无法直接引发具有广度和深度的交互(郑勤华 等,2016);当前在线教育仍存在平台功能单一、教育资源同质化、教学交互性较差等问题,交互难以满足学习需求(杨晓宏等,2017)。

本书聚焦在线教育中交互类型的分析,探讨在教、学时空分离状态下如何激发有效交互,并尝试构建交互评价的量化模型,以期为外语在线课程建设提供参考。

1.1.3　混合式教学

慕课可以实现大规模教学,与传统的教室学习相比有不少优势,但是也存在一些问题,如学习者孤独感强、协助性差、激励性小、学习效果不佳,最终导致辍学率高。解决这个问题的一个办法是翻转课堂(flipped classroom)。翻转课堂的概念最早由美国两位高中化学老师提出并实践，来自多个学科的实证研究都显示了翻转课堂对学习的积极促进作用。翻转课堂指翻转课堂内外的时间。课堂内，教师不再占用课堂的时间来讲授知识，知识的学习主要靠学生在课前自主完成。而学生在课堂上会在教师的统筹安排下，进行知识的学习和应用，通过讨论和协作，达成分析、评价、创新等更高阶的认知目标。课堂外，学生在课前课后按照教师的安排，自主规划学习安排。教师的功能也发生了重大变化，从传授知识转变为帮助学生完成个性化学习，在课堂上引导学生运用知识。翻转课堂的教学模式能为学生提供更多主动参与学习的机会，得到了教师的普遍关注，越来越多的教师开展了翻转课堂的实践。在翻转课堂的教学模式中，学生用于课前自学的材料，可以是教材等纸质材料，也可以是教师提前准备好的学习材料，如微课等音频、视频材料。越来越多的教师将慕课等线上学习资源与翻转课堂的自主学习部分相结合。在这种教学模式中，学习者通过在线平台学习知识，然后参加实体课堂的教学活动运用知识，这就是混合式教学（blended learning）。

混合式教学是一种新的教学模式，它将传统的线下教学和线上教学结合在一起，以充分发挥两者的优势，提供更加灵活和多样化的学习方式。学习者可以根据自己的时间和节奏，在线上学习课程内容，同时参加线下实体教学活动。与传统的教学方式不一样的是，在线学习平台为学习者提供了丰富的教学资源，如课程视频、教材、练习题等，学习者可以根据自己的学习进度进行学习，自主决定学习的时间和地点。线下教学则提供了面对面的交互机会，学习者可以与教师和同学进行实时交流和讨论。另一方面，线上教学平台通常也具备与教师交互的功能模块，学习者可以通过在线讨论等方式获得教师的反馈和指导。教师可以根据学习者的学习情况和需求，灵活调整线上和线下教学的组合，为学习者提供个性化的学习体验。由此可见，混合式教学将传统的面对面教学与在线学习相结合，是对教学模式的重构，也是对教学过程的深度改革。

我国混合式教学的进一步发展得益于教育部推出的一流课程的申报和认定。如前所述，教育部于2019年10月发布了《教育部关于一流本科课程建设的实施意见》①，提出"必须深化教育教学改革，必须把教学改革成果落实到课程建设上"，明

---

① 具体信息见 http://www.moe.gov.cn/srcsite/A08/s7056/201910/t20191031_406269.html。

确了一流课程建设的"两性一度"标准,要求"重构教学内容与课程体系",强调"现代信息技术与教育教学深度融合,解决好教与学模式创新的问题",大力倡导基于国家精品在线开放课程应用的线上线下混合式优质课程申报(吴岩,2018)。虽然线上线下混合式课程是一个相对新的教学模式,但是从 2020 年和 2023 年教育部认定的一流课程的数量上来看,混合式一流课程的总量达到 2668 门,和线上课程 2970 门的数量差距并不大。可以说,基于混合式课程"重构教学内容与课程体系",是今后课程建设的一个着力点。

混合式一流课程建设的前提条件是要基于"慕课、专属在线课程或其他在线课程",运用适当的数字化教学工具,结合本校实际对校内课程进行改造。其中,安排 20%~50% 的教学时间实施学生线上自主学习,与线下面授有机结合,开展翻转课堂、混合式教学,打造在线课程与本校课堂教学相融合的混合式"金课"。可见,混合式一流课程建设不仅在深化教育教学改革中可以起到示范引领作用,还提供了一个中国语境下的切实可行的教学设计框架,或者可以称之为将在线教育技术有针对性地融入面对面的传统课堂中的解决方案。

专家指出,线上线下混合既是课程组织和开展的主要形式,也是课程设计的指导思想,因而在课程设计之初就需要将线上线下混合作为课程设计的主要内容,将最大程度地发挥混合式教学的优势作为课程设计的主要原则(杨晓宏 等,2021)。近年来,大学英语教学中出现了基于慕课的翻转课堂教学探索和实践,且对其可行性进行了分析(胡杰辉 等,2014;戴朝晖 等,2016)。结果显示,若运用得当,混合学习会成为提高学生参与度、优化学习效果的有力措施。例如,学生通过翻转课堂强化了学习动机、提升了学习策略及综合英语水平等。日语教学中也有一线教师开展了基于 SPOC 的翻转课堂教学,如刘婷等(2019)基于慕课开展混合式教学,指出其在提高学习者语言应用能力方面有明显效果。韩兰灵等(2021)通过对学习者的平台学习数据和听力成绩的关联进行分析,发现在线学习行为能够预测学习效果。和英语课程的混合式教学实践研究相比,日语课程的研究不仅数量少,且课程类型单一,尚需进一步进行分析和探讨。

本研究团队于 2018 年春季学期开始在英语、法语专业学生的二外日语课堂中实践混合式教学,积累了混合式教学模式下的多角度数据。

1.1.4 在线教学与教师专业发展

许多研究一直在探讨如何提高教师的专业能力和教学质量。在信息化大背景下,如何提升教师的数字素养是教师专业发展研究中的一个重要课题。首先,信息技术的应用可以帮助教师更高效地传递知识和信息,以及更有效地组织和管理教学过程。通过使用在线学习平台、教学工具和应用程序,教师可以节省时间和精力,使教学过程更为高效。其次,信息技术的应用为教师提供了教学改革的机会。教师可以通过设计在线学习任务、开展虚拟交流活动等方式,创造更有趣、生动的教学体验。最后,信息技术在教学中的应用可以增强学习者的参与度和学习积极性。教师可以利用多媒体资源、教学游戏、在线讨论等方式吸引学习者的注意,提高他们在课堂上的积极参与。

教师在教学中如何应用信息技术是一项重要的研究课题,能够为提高教学效率、增强学习者参与度、拓展学习资源、促进教学创新等提供实证依据和启示。本团队成员在建设慕课的过程中,经历了录制和编辑教学视频、学习慕课平台功能、上线发布、在讨论区答疑解惑、参加讨论等各个环节,认识到其不同于传统课堂教学的各类特征。在此过程中,团队成员撰写了慕课建设和混合式教学的实践报告,对线上数据进行分析,并以学习者和教师为对象进行问卷调查、采访等,从各个角度积极开展教学实践研究。教学研究有助于解读在线外语学习的复杂性和动态性,也有助于教师更深入地了解学习者个体与教学情境的交互过程,从另一个角度反思自己的教学。可以说,团队成员在这样的行动研究的过程中实现了教师的专业成长(王蔷,2002)。团队教师深刻体会到,建设慕课的实践主体成为在线学习的研究主体有助于推进信息化背景下的外语教师专业发展。

实际上在教学一线,能有效应用信息技术,并在教学实践中获得自我效能感的教师并不多。有研究指出,部分大学外语教师终身学习和创新教学的内生动力不足,安于现状的职业倦怠感滋生蔓延,对新技术和新软件产生畏难和恐惧心理(李霄翔,2019)。不少教师由于种种内部和外部原因,即使有提升专业水平的意愿,也苦于找不到专业发展的抓手,陷入了职业倦怠,年复一年周而复始地进行重复劳动。在现代信息技术与外语教学的融合度不断加深的背景下,教师成为数字化外语教育信息能力提升策略的建构者、监督者和评估者,有必要对教师的信息应用能力和影响因素进行调查。

1.2 本书架构与内容概览

本书以中国语境下的外语在线学习有效性研究为整体目标,围绕外语在线课程,以学习者、教师、平台为研究对象,通过平台数据分析、问卷调查和采访等方法,基于量性分析和质性分析的手段,探究中国语境下外语在线学习的特征和问题。本书除导论外,主要内容共分为四个部分,分别是慕课建设与应用、在线学习中的交互研究、基于慕课的混合式教学以及在线教学与教师专业发展。以下简要阐述各章的主要内容。

慕课建设与应用这一部分主要围绕日语慕课建设案例分析、日语在线开放课程的教学效果和基于学习者视角的课程质量评价等方面展开,包括第2章、第3章和第4章。第2章是慕课建设的案例分析。这一章首先分析了在全球范围内慕课快速发展的背景下,我国慕课建设的现状以及在线教育研究现状。其次,在对国内高校日语在线开放课程的建设情况进行调查分析后,介绍"大学日语"慕课的建设背景和课程概要,展示了平台课程数据。最后,通过结课后学习情况问卷调查的结果分析总结了课程学习者的基本状况、在线交互状况、课程评价等。第3章以"大学日语"及"大学日语提高篇"慕课为对象,使用网页抓取软件收集了课程订阅者在线翻译作业中产出的日语句子,围绕这些数据探究初级日语慕课学习者的误用类型和特点。第4章使用扎根理论,选取了中国大学MOOC平台上30门外语课程的用户评论,针对课程质量相关的评价内容进行三级编码,探讨了基于学习者视角的外语在线课程质量评价指标。

第二部分是在线学习中的交互研究,核心关注点是在线学习环境中的互动交流,通过深入研究在线学习中的交互现象,旨在揭示讨论区交互状况、交互评价修正、积极交互特征以及教师和助教反馈对学习者交互积极性的影响,以求为提高在线教学质量,促进学习者之间的有效互动提供理论支持和实践指导。这一部分由第5章至第8章组成。第5章以中国大学MOOC平台中"人学日语"课程为个案,采用定量分析法和问卷调查法对课程讨论区交互状况和学习者交互意愿及偏好的交互方式进行了调研,并对交互数量和质量的关系进行了讨论。第5章的实证研究为第6章构建交互活跃度(interactional activity)量化模型的必要性提供了理据。第6章分析了现有慕课平台交互评价中存在的问题,提出了交互活跃度量化模型,探讨了交互活跃度与学习效果(成绩)的关系。第7章基于社会文化理论,分析"大学日语"慕课中教师与学习者之间、学习者之间的交互特征及支架作用，具体探讨以下两个问题：第一，慕课讨论区中能够引发积极交互行为的话题特征是什么？第二，积极交互行为中，教师和学习者之间交互、学习者之间交互的内容特征分别是什么？本章对在线学习中能够引发积极交互行为的话题和内容特征进行深入剖析，以便教师未来在慕课讨论区中更好地引导学习者进行有价值的互动。第8章通过社会网络分析方法，研究在线教学中教师和助教的及时反馈是否能促进学习者之间的交互积极性，通过对慕课讨论区的社会网络结构进行分析，为提高学习者交互积极性提供策略建议。

第三部分包括第9章和第10章展示了慕课快速发展的大背景下，基于慕课开展混合式教学的实施流程，提供了分析教学成效的影响因素的研究范式，研究成果将为一线教师提供教学设计和教学评价方面的参考。第9章详述"二外日语"混合式教学的实施和成效，通过案例说明教学设计及具体实施过程。第10章对影响混合式学习成效的因素进行了探究。

第11章为第四部分。该章以12名高校日语教师为访谈对象，基于扎根理论进行质性研究，抽出了影响教师信息技术应用的因素，并构建影响因素模型。

第2章 "大学日语"系列慕课的建设与应用

本章是慕课建设的案例分析。2.1节分析了在全球范围内慕课快速发展的背景下,我国慕课建设的现状以及在线教育研究现状。2.2节对国内高校日语在线开放课程的建设情况进行了调查分析。2.3节介绍了"大学日语"慕课的建设背景和课程概要,展示了平台课程数据。2.4节通过结课后学习情况问卷调查的结果分析总结了课程学习者的基本状况、在线交互状况、课程评价等。最后,2.5节指出基于"大学日语"慕课的数据,未来可以开展慕课的评价、在线交互状况以及翻转课堂和混合式教学的相关实证研究,为在线学习的有效性研究提供佐证。

2.1 在线学习资源建设和研究的基本情况

2.1.1 在线教育发展概述

慕课作为一种重要的在线教育模式,其重要特征包括学习者的大规模参与、免费开放的学习资源和学习过程、不限定学习者的身份、背景和知识水平等,这些特征与传统的课堂教学和远程教学完全不同。慕课的学习方式相对灵活,学习者可以根据自己的时间和进度进行学习,打破了传统教室课程的时间和空间限制。平台提供了在线视频、教学文档、自测题等多种教学资源和学习工具,帮助学习者更好地掌握知识。一些慕课平台设有讨论区和在线答疑功能,学习者可以与其他学员和教师进行交流,提出问题并解决疑惑。慕课颠覆了传统课堂教学的教与学的方式,推动了教学方法、教学模式等一系列变革。在全世界范围内,慕课学习已经成为重要的学习形式之一。

慕课的起源和发展可以追溯到2008年至2011年间,主要与两个关键事件有关。2008年,加拿大教育学家乔治·西蒙斯(George Siemens)和斯蒂芬·唐斯(Stephen Downes)联合开设了一门在线课程,名为"Connectivism and Connective

Knowledge"（连通主义与连通性知识）。该课程采用了开放式的网络学习方式，吸引了来自世界各地的数千名学习者参与，成为现有慕课的雏形。随后，2011 年，斯坦福大学计算机科学教授塞巴斯蒂安·特龙（Sebastian Thrun）和彼得·诺维格（Peter Norvig）合作开设了一门名为"The Stanford AI Course"（斯坦福人工智能课程）的在线课程，旨在教授人工智能相关内容。该课程引发了巨大的关注和学习热潮，吸引了超过 16 万名学习者注册学习。这两个事件对慕课的发展产生了重要影响。乔治·西蒙斯和斯蒂芬·唐斯的课程推动了连接主义和开放教育的理念，而斯坦福的人工智能课程则展示了慕课这一新型学习方式的巨大潜力。随后，许多知名大学和教育机构开始关注慕课这种教育模式，并纷纷加入该领域，推出各类在线课程。慕课的发展不仅促进了教育的全球普及，也推动了教学方法的创新。它为学习者提供了更加灵活和便捷的学习机会，同时也挑战了传统教育的模式和观念。

美国拥有多个知名的在线教育平台，其中最著名的是 Coursera、edX、Udacity 和 LinkedIn Learning 等。这些平台提供广泛的在线课程，涵盖了多个学科和专业领域。美国的在线教育形式多样，包括自主学习的慕课课程，以及受指导的在线学位课程、混合式学习等，使得学生可以根据自己的学习需求和时间安排选择最合适的学习方式。

英国在在线教育领域取得了显著进展。英国的大学和教育机构积极参与在线学习，并开设了许多高质量的在线课程和学位项目。类似于美国，英国也有一些知名的在线教育平台，如 FutureLearn 和 OpenLearn，它们提供各类课程，包括免费课程和付费课程。

加拿大的在线教育逐渐兴起，加拿大的一些大学和学院开设了在线学位课程和认证课程，吸引了越来越多的学生。此外，加拿大政府和学校也在推动在线学习的发展，并提供相应的支持。澳大利亚的在线教育市场也在不断扩大。澳大利亚的一些高等教育机构和专业机构提供了在线课程和学位项目。澳大利亚政府对在线教育也持积极态度，并鼓励学校和机构采用在线学习模式。

其他国家从 2013 年开始也纷纷效仿，拥有优质教学资源的高校首先在 Coursera、edX 等上线了一系列课程，随后建设了面向自己国家的慕课平台，如 FUN MOOC（法国）、iversity（德国）、gacco（日本）等。

总体而言，世界各国的在线教育都在逐步发展，并在不同程度上推动着教育领域的变革。同时,不同国际组织和主要国家在资源环境、办学模式、教学方式、大数据应用、数字素养、保障机制等方面的数字化转型呈现出共性特征(吴砥 等,2023)。各国在线教育持续进行技术创新,采用虚拟实验室、在线交互工具、个性化学习系统等工具和手段,提高学习效果和学习体验。同时,数据驱动教学也是一个倾向。借助数据分析和学习行为追踪来了解学生的学习行为和学习进度,有助于教师和课程设计者优化教学方法,提高学习成效。可以说,在线教育为全球学习者提供了更多的学习机会和灵活性,使教育资源得到共享和普及。

2.1.2 我国在线教育发展状况

在平台和课程数量方面,我国已经成为在线教育大国。下面从基本情况、在线教育资源、在线教与学模式、在线交互方式、考核标准等五个方面重点介绍我国具有代表性的两个慕课平台:中国大学 MOOC 和学堂在线。

1. 中国大学 MOOC

中国大学 MOOC 是我国最重要的国家级在线教育平台之一,成立于 2013 年,它由中国高等教育出版社主办,是教育部在线教育研究中心的重要组成部分。中国大学 MOOC 汇集了来自中国顶尖高校和教育机构的优质课程资源,涵盖了广泛的学科领域。平台承接教育部国家精品开放课程任务,免费提供国内最好的高校的优质课程,其中包括大学先修课程(CAP),可转换学分。平台推出了"学校云"版块,帮助学校、企业建立自己的在线课程,提供从技术方案、课程内容、教学管理到大数据支持的课程全流程一站式解决方案。另外,有偿提供考研及计算机等各种培训课程,为成人教育助力。课程指导资源集中显示在课程介绍页面,包括预告视频、课程简介、授课目标、课程大纲、师资团队、预备知识、参考资料等。选好课程后,可以制定一个每日学习时长的学习目标,连续打卡,完成任务后还可获得奖励。这对用户有一定的激励作用。用户通过观看教师事先录制好的教学视频进行学习,皆可调整播放倍速,可缓存,可反复观看,帮助用户更好地利用碎片化时间。部分课程配有字幕,有的课程还在视频重要知识点处嵌入交互式问题,答题后方能继续观看,考验用户是否认真学习课程。课程发布新内容时,教学团队会在平台发布公告并转发到用户邮箱,平台还具有微信提醒课程进度的功能,督促用户学习。

交互模块配备有讨论区,包括"教师答疑区""课堂交流区"以及"综合讨论区"三个子版块。在学习过程中,若遇到难以理解的问题,用户可充分利用"教师答疑区"和"综合讨论区"进行提问，同时，其他用户可相互协助解答，教师或助教也适时提供解答。教师有权在"课堂讨论区"中设置讨论话题，以助于用户巩固当课所学知识。

在评价帖子内容方面，系统提供对帖子和回复的评论及点赞功能，并根据票数对帖子进行排序。教师和助教可直接发布帖子并置顶，同时，好评帖可被置顶或列入精华区，形成一个小型资源库，便于用户快速定位有价值的好评帖。

用户在论坛的表现和单元测试成绩将按一定比例计入最终成绩，期末考试后，根据总分设定及格和优秀成绩，如设定 60 分为及格。大部分课程会颁发证书，部分高校承认证书效力，允许学生用证书兑换学分。用户可以选择对所选课程进行评价。

2. 学堂在线

学堂在线由清华大学开发，是全球第一个中文慕课平台，于 2013 年 10 月 10 日正式上线，面向全球提供在线课程。目前该平台运行了包括清华大学、北京大学、复旦大学、斯坦福大学、麻省理工学院、加州大学伯克利分校等国内外几十所顶尖高校的课程，涵盖计算机、经管、理学、工程、文学、历史、艺术等多个领域，并且全部免费。用户还可以在课程分类版块中直接筛选出学分认证的大学先修课。平台推出的"学堂云"版块可供学校、公司等机构进行翻转教学和混合式教学实践，为现代化互联网＋教育模式的发展助力。除完全免费的自主模式以外，还具有随堂模式，其中包括了各种付费课程。用户可根据自己意愿选择付费认证学习，相较于免费学习的形式，增加了任课教师签名认证的证书，同时用户可以申请成为课程助教和社区管理员，最后通过考核后免费获得证书。

课程概述、教学大纲、参考书目、考核方式以及教师和教学团队的介绍等信息会在课程介绍页面集中展示，但部分课程缺乏对预备知识的说明，即学习该课程所需提前掌握的基础知识。这导致用户在选择课程时缺乏对课程要求的认识，可能因难度不符合预期而放弃。在选课之后，用户可通过观看教师预先录制的教学视频进行学习，支持缓存、播放速度调节、字幕显示等功能。部分视频配有字幕，用户可自行选择是否显示及字幕位置。平台还提供关键词搜索定位、知识点详解、可视化公式编辑、多视频源支持、学习进度查看、疑问记录等便捷功能，如可通过学习助手"学堂小木"快速查询知识点详解。部分课程设有 WIKI 版块，教学团队在此补充课堂延伸知识。有部分课程推出"学霸模式"，通过积累相关知识点分数进行排名。这种竞赛形式的小游戏旨在激发用户积极性,体现了激励机制在平台设计中的应用。

关于交互版块的设计,所有课程均设有精华笔记版块,涵盖活动、分享、笔记、资讯、灌水五个子版块,构建了一个大型交流广场。用户可便捷地获取课堂精华笔记,同时互相协助解决难题。此类设计有利于用户迅速获取资讯、交流经验,满足彼此间的互动需求。然而,讨论区未能设立师生互动版块,教学团队对用户发帖的回复较少,用户之间的回帖数量亦不高,频率较低。与该平台的学习功能相比,师生交互版块的建设尚不够完善,不利于师生间的沟通与互动。

课程最终考核成绩由日常作业评分及期末考试评分综合得出,评价准则相对简单:成绩达到 60 分及以上者可通过考核并获得证书,随后有机会参加"争学霸,超级奖学金"活动,赢取奖学金与奖品。此类物质奖励对用户具有显著激励效果。通过开展有奖评价课程活动,平台能够及时获取用户反馈,有助于教学团队提升教学质量。

两平台各有优势,但也都存在一定的不足。比如,教学资源方面,相较于中国大学 MOOC 提供的预备知识,学堂在线略显不足,然而,它提供了更为丰富的自主学习资源,便于快速查询知识点详解,同时学习疑问记录清晰可见。在交互方式版块的建设上,相较于中国大学 MOOC 的多元化讨论区设计,学堂在线则缺少了至关重要的师生交互版块,有待进一步优化。考核标准方面,两者均显得较为单一。中国大学 MOOC 虽较学堂在线增加了论坛表现考核,但考核标准仍仅与发帖数量相关,未考虑每日学习目标完成情况及好评帖数量。最后,在激励方法运用方面,两者均处于初步尝试阶段,亟待加大推进力度。

除了上面介绍的中国大学 MOOC 和学堂在线,还有许多其他高校和机构自主建设的慕课平台,例如中国科学院大学的中国慕课平台、上海交通大学的好大学在线等。一些高校和慕课平台也积极参与国际合作,与国外的高校和机构开展慕课课程合作,扩大了中国慕课的国际影响力。

总体而言,我国慕课建设实践在过去几年取得了显著进展。它为广大学习者提供了灵活、便捷且高质量的教育资源,推动了教育公平化和终身学习的理念,也对整个社会产生了深远的影响。在教育资源匮乏的地区,通过在线学习,学生可以获得来自全国各地优质的教育资源。有理由相信,随着科技的不断进步和社会的不断变化,我国的在线教育将继续推动教育领域的创新和发展。

2.1.3　在线教育研究现状

刘震等(2019)将 805 篇国外在线教育研究文献分成综述类文献、学生学习类研究、教师教学类研究、教育技术工具与案例研究四大主题,分别进行了可视化分析,指出从学生视角研究如何开展有效的在线学习和从教师角度出发研究如何提高教学质量,一直是国外在线教育研究的两大热点主题。

学生学习类研究主要分为两大方向:一是学习过程研究,二是学习效果研究。学习过程研究主要包括在线学习体验、合作学习、在线社区以及学习互动等。这些研究视角丰富,数据采集方式包括质性研究方法和定量研究方法。在线学习体验研究关注学生在网上学习过程中的感受和认知。合作学习研究着重探讨学生如何在团队中共同解决问题。在线社区研究着眼于学习者在网络社区中的交流与互动。学习互动研究关注学生与教师、同学之间的交流互动。这些研究有助于了解学习者在教学活动中的参与程度和思维状态,分析学习者在社群环境中的学习行为和需求。相较于学习过程研究,学习效果研究则更为聚焦,主要关注学习成果、满意度以及持续使用度等方面。此类研究通常基于理论模型,采用量化分析等方法,旨在了解学生对学习结果的满意程度以及学习的持续性。虽然主题和方法相对较为单一,但这类研究有助于评估教学质量和学生的学习需求,为教学改革提供依据。

同时,教师教学类研究也在在线继续教育领域中占据了重要地位。此类研究可分为两个阶段:第一个阶段以理论探索为主,第二个阶段以教学法研究为主。在第一个阶段,学者们致力于理论构建,提出了众多教育理论模型与分析框架。这些理论模型与分析框架为后续的教学实践和研究提供了理论基础。随着在线教育的发展,教学法研究逐渐兴起。所以,第二个阶段的研究以解决实际教学问题为导向,注重教学体验、教学设计与评估等方面的探索。在教学体验方面,主要通过质性研究方法,分析在线教学的内涵与外延。在教学设计与评估方面,多采用实践为导向、个案研究的方法,以期为在线教育提供更具针对性和实效性的解决方案。近些年在教学法研究中,随机对照试验、准实验、问卷调查等定量研究方法逐渐成为主流。

国内学者在在线教育领域也进行了广泛而深入的探索。研究对象包括在线学习、慕课平台、电子学习资源等,探讨在线教育的有效性、学习者行为、教学设计等问题。朱祖林等(2016)、毕磊等(2017)对近年来发表在在线教育领域主要期刊上的中文文献进行了计量分析与述评,结果显示:近年来,在线教与学(原文使用"远程教与学")、技术与媒体、管理、资源、学习者等主题持续成为研究热点;相关研究方法不断规范,定量、定性和混合研究所占比重呈上升趋势,访谈法、问卷法使用较多;对在线教育进行研究的主体与在线教育的实践主体分离加剧,导致在线教育的研究与实践"在相互漠视中渐行渐远"。

顾欢欢等(2017)聚焦外语在线教育相关研究,对 2008 年至 2016 年发表的 281 篇期刊论文进行分析的结果显示:相关研究呈增长趋势,但是发表在中文核心期刊和 CSSCI 期刊上的论文数量很少,说明研究质量有待提高;研究方法偏重理论探讨,实证研究尤其是量化研究偏少;研究内容偏重宏观研究,微观研究比例较低,且不够深入。可见,外语在线教育研究在研究主题、研究内容、研究方法方面需要借鉴其他学科的相关研究,进一步深入。综上所述,中国在线开放课程在数量上已经成为世界第一,在学科门类上也涵盖了全部一级学科,但是对其有效性需要进行进一步的研究。

具体到日语课程的相关研究,笔者在中国知网上搜索"日语""慕课"等主题关键词,共得到 96 篇相关论文。其中,在核心期刊上发表的论文数量仅 5 篇,分别是张文静(2014)的《基于大学日语教学的在线学习模式研究》、孙晋露(2014)的《日本对于慕课的初次尝试》、修刚等(2015)的《日本 MOOC 的发展及对中国 MOOC 建设的启示》、刘婷等(2019)的《慕课支持下的混合式教学模式实验研究:以"实用日语(上)"慕课为例》、吴琳等(2020)的《日语专业大学生学习态度对学习投入的影响及大数据时代下教育改革对策》以及韩兰灵等(2021)的《基于 SPOC 模式的日语教学评价与学习效果研究》。此外,赵华敏(2019)在《2018 年度中国的日语教育研究综述》中介绍了涉及翻转课堂、微课、慕课、语料库资源的利用的 4 篇论文,指出随着网络时代的到来,重新调整课堂内外的时间,将学习的决定权从教师转移给学习者势在必行。

如前所述,针对外语类在线开放课程建设的研究中,与英语课程相关的研究已经有了一定的积累,日语慕课建设研究紧随其后,但起步较晚,基础较薄弱。已发表的研究成果中涉及具体线上课程运行数据分析方面的相关论文数量较少,说明现阶段日语在线课程建设中的实践与理论的相互转化基本处于起步阶段。目前与日语慕课建设相关的研究,多采用实践为导向、个案研究的方法,以期为日语慕课的建设和应用提供更具针对性和实效性的解决方案,更全面地促进教学实践。赵华敏(2019)指出,网络资源、网络环境、互联网+、交互平台、智慧教学和测试等研究主题会越来越得到外语教育界的重视,因此,今后研究在积极寻求在线教育本身的特色理论创新与突破的同时，应在理论的支持下、实证数据的基础上提炼发展共性，揭示外语学习的规律，助力在线外语教育的实践。

2.2　国内高校日语在线开放课程建设现状

2.2.1　平台和课程

截至 2020 年 9 月，国内主要在线教育平台共开设日语相关在线课程 121 门（见附录 1），课程平台分布情况如图 2-1 所示：爱课程（中国大学 MOOC 平台）有 33 门，智慧树有 17 门，浙江省高等学校在线开放课程共享平台和学银在线各有 15 门，学堂在线有 10 门，中国高校外语慕课平台和超星尔雅各有 6 门，优学院有 4 门，高校邦有 4 门，edX 有 4 门，安徽省网络课程学习中心有 2 门，重庆高校在线开放课程平台有 2 门。

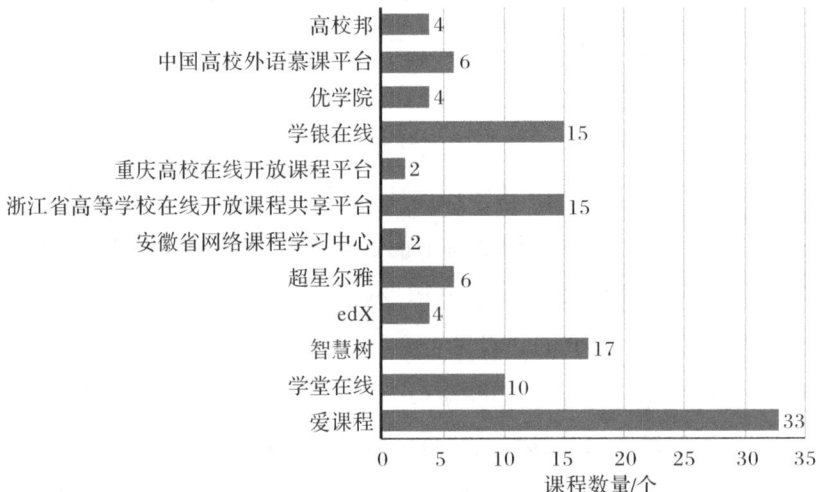

图 2-1　国内主要在线教育平台开设日语在线课程数量统计

关于国内主要在线教育平台上外语类在线课程的数量，笔者以覃军（2019）的统计数据为依据，爱课程共开设外语类在线开放课程 916 门，智慧树 140 门，学堂在线 124 门[①]。以上述数据为参照，结合笔者调查数据分析，爱课程平台上日语类在线课程仅约占 3.6%，智慧树平台上约占 12.1%，学堂在线平台上约占 8.1%。以上数据结果表明，日语类在线课程建设在外语类在线课程建设过程中尚处于起步阶段，上线课程数量占外语类在线课程的比重较小。

---

①　各个课程平台开课情况存在实时变化，此处仅指调查时间点当时的结果。

从上线平台的数量来看,日语课程中,最多上线至 4 个平台的课程是南昌大学的"日语高级视听"课程,上线 3 个平台的是大连理工大学的"中级日语听说"、上海外国语大学的"日本近现代文学选读"两门课程,上线 2 个平台的分别是西安交通大学的"大学日语",南昌大学的"实用日语(上)"和"实用日语(下)",吉林大学的"综合日语实践——基础日语 1""日语精读",天津外国语大学的"日语阅读与思辨""日语翻译理论与实践",温州医科大学的"日语翻译理论与实践(三)"以及吉林大学的"中国文化的日本之旅"等 9 门课程。其余课程在单一课程平台上线供学习者使用,这在一定程度上会导致线上学习者因课程平台资源局限性而无法选择满足自己需求的课程。可见,日语在线课程在开放性、共享性方面,还有一定的开拓空间。

2020 年教育部首批公示的线上一流课程仅有 2 门是日语课程,分别是西安交通大学的"大学日语"和"大学日语提高篇"课程(为系列课程,算 1 门)以及南昌大学的"实用日语(上)"。加上之前教育部认定的国家精品在线开放课程,即清华大学的"日语与日本文化",共有 3 门。2020 年后,日语线上课程建设和运营进入高潮期。第二批国家级线上一流课程包括表 2.1 所列的 9 门课程①,基本覆盖了"语言基础类""语言技能类"和"文化类"②。这些课程在过去 2 至 3 年,选课人数较多、开课频率较高、课程的运营和支持较好,起到了示范作用,代表了日语在线课程当前的水平和质量。

表 2.1　第二批国家级线上一流课程(2023 年)

类别	课程名称	建设高校
语言基础类	综合日语实践	吉林大学
	综合日语入门	山东大学
	基础日语语法	上海外国语大学
语言技能类	实用日语会话	清华大学
	中级日语听说	大连理工大学
	中级日语阅读	长春师范大学
文化类	日本大众文化	北京科技大学
	日本文化概论	南开大学
	中国文化日本之旅	吉林大学

---

① 具体信息见 http://www.moe.gov.cn/jyb_xxgk/s5743/s5745/A08/202304/t20230411_1055217.html。
② 由于课程数量超过 1000 门,表中课程是笔者通过"日语""日本"关键词搜索的方式获取的课程名单,可能不完整。

2.2.2 开课院校和地区

在国内主要在线教育平台上开设日语类在线课程（目前国内主要平台日语类在线课程共开设 121 门）的院校如附录 1 所示，包括很多"双一流"高校，比如大连理工大学、清华大学、西安交通大学、北京大学、吉林大学、山东大学、华东师范大学、电子科技大学、华南理工大学、南开大学和复旦大学。目前全国开设日语专业的院校共 505 所，国内开设日语类在线课程的院校共 50 所左右，约占全国开设日语专业院校的 10%。

图 2-2 展示了在国内主要在线教育平台开设日语在线课程的院校的地域分布情况。课程数量目前位列前五的省（市）分别是北京市、浙江省、辽宁省、上海市、江西省和吉林省（上海市和江西省并列）。课程建设院校所在地分布范围较广，以中国东部地区为主。东部地区经济相对发达，学习者人数相对较多，东北地区日语专业建设起步较早，故在日语课程建设方面都具备一定的先天优势。而中西部地区的院校在日语在线课程建设方面相对较薄弱。在中西部地区，除南昌大学的"实用日语"课程、西安交通大学的"大学日语"系列课程以外，其余课程还均处于建设和应用的初期阶段。

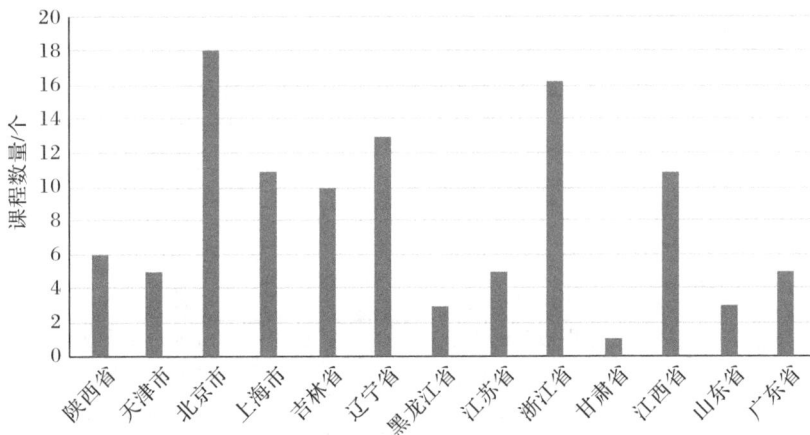

图 2-2　在国内主要在线教育平台开设日语在线课程院校的地域分布

2.2.3 学习者的选课情况

在线开放课程具有教育需求多样化、课程开放性、课程资源共享性等特点。据笔者调查，爱课程平台有日语类课程 33 门，其中选课人次累计达 1 万以上的课程共 25 门,占 75.8%。其中,西安交通大学的"大学日语"课程,累计选课人次约 50 万,是爱课程平台选课人次最多的课程。学堂在线平台日语类课程共 10 门,其中选课人次累计达到 1 万以上的共 7 门,占 70%。其中,清华大学的"日语与日本文化"课程选课人数最多,累计超 20 万。智慧树平台上共 17 门日语类课程,其中 5 门课程选课人次 1 万以上,占 29.4%。其中选课人次最多的课程是青岛职业技术学院的"跟我一起学日语"。超星尔雅平台上日语类在线课程共 6 门,所有课程的选课人次均超过 1 万。其中,北京大学的"公共日语"选课人次达到 50 万,华东师范大学的"中日茶道文化"28 万左右,北京外国语大学的"日本人与日本社会"26 万左右,北京科技大学的"今天的日本"17 万左右,北京大学的"近代中日关系史研究"10 万左右,上海外国语大学的"日本近现代文学选读"10 万左右。除以上 4 个课程平台以外,其他课程平台的日语类课程选课人数均在 1 万以下。

目前,在主要平台上的 121 门日语类或日本文化类在线课程中,选课人次超过 1 万的共 43 门,达 36%。选课人次在 2000 到 1 万之间的有 27 门,少于 2000 的课程有 51 门,占 42%。此数据表明,日语类在线课程建设中大多数课程选课人次较少,日语类在线课程影响力及应用推广发展不均衡。选课人次较多的课程中,"双一流"高校建设课程所占比重较大,与普通院校及职业院校课程的选课人次呈现较明显的两极分化现象。

2.2.4 课程类型

结合前文论述中提及的日语在线课程建设统计结果,笔者按照课程类型将现有平台上的日语在线课程分为公共外语语言类、专业外语语言类、语言技能类、文学文化类、专门用途类五种。图 2-3 是各种类型课程在总体中所占的比例。

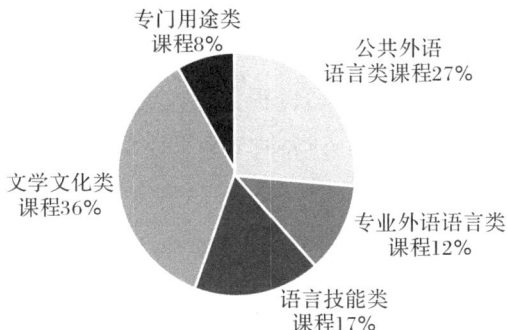

图 2-3 课程类型比例统计

1. 公共外语语言类课程

以目前主要平台已上线的 121 门日语类在线课程为例，课程类型归属于公共外语语言类的达到 32 门，约占日语在线课程总量的 27％。其中清华大学的"日语与日本文化"因为课程内容分为文化、语言两部分，所以可以同时隶属于公共外语语言类和文学文化类课程。公共外语语言类课程的选课对象可以为非日语专业的日语爱好者，因此呈现出选课人数多、分布广、开放性、可持续性等特点，一定程度上促进了日语类在线课程的应用与推广。2020 年公布的第一批国家级线上一流精品课程中，清华大学的"日语与日本文化"、西安交通大学的"大学日语"和南昌大学的"实用日语（上）"皆属于公共外语语言类课程。这表明日语学习者对日语相关课程的需求也日益增强。

2. 专业外语语言类课程

国内各主要平台上针对日语专业学生所开设的专业语言类课程共 14 门，约占日语在线课程总量的 12％，主要以基础日语课程为主。基础日语课程即精读类课程，为日语专业学生的专业基础课程。此类课程着重培养学生日语听、说、读、写的综合运用能力。精读类在线课程中，教师通过对情景对话、阅读文章以及语法点的讲解，使学生了解日语基本的单词和句子。除课程使用教材不同，精读类在线课程同质化现象较为突出，与线下授课的过程一致。

3. 语言技能类课程

语言技能类课程共 21 门，约占日语在线课程总量的 17％。该类型课程主要以提高学生外语技能水平为培养目标。课程基本可划分为听力、会话、阅读、写作、翻译 5 种类型，分别针对外语学习者的听、说、读、写、译能力进行专项训练。听力课程中以南昌大学的"日语高级视听"、大连理工大学的"中级日语听说"课程为主，且两门课程均在爱课程平台上线。会话课程包括大连理工大学的"中级日语听说"、苏州农业职业技术学院的"日语会话"和清华大学的"基础实用日语会话"。阅读课程有长春师范大学的"中级日语阅读"、天津外国语大学的"日语阅读与思辨"、大连理工大学的"日语阅读"、长春大学的"日语泛读"课程。写作课程仅有江西外语外贸职业学院的"日语应用文写作"一门课程。翻译类课程包括天津外国语大学的"日语翻译理论与实践"、大连外国语大学的"日语翻译"和温州医科大学的"日语翻译理论与实践（三）"等。

4.文学文化类课程

文学文化类课程共 44 门,约占日语在线课程总量的 36%,是日语在线课程建设中数量位列第一的课程类型。该类课程主要围绕日本文化、日本文学、日本历史、中日跨文化交际四个模块内容。其中日本文化类课程数量最多,共 25 门,约占该类课程总量的 56.8%。

5.专门用途类课程

专门用途类课程共 10 门,约占日语在线课程总量的 8%,目前在所有课程类型中数量最少。该类课程主要以职业类院校为开课学校,主要涉及商务日语、旅游日语等应用型课程,面向外语和技能相结合的复合型人才培养模式。

2.3 "大学日语"系列慕课的建设

2.3.1 建设背景

最早的日语慕课是早稻田大学在 edX 平台开设的日语发音课程"Japanese Pronunciation for Communication"(戸田貴子,2016)。在国内,清华大学在学堂在线开设的"日语与日本文化"系列课程注册人数较多,超过 10 万人。另外沪江网和网易云课堂也有面向各类人群、各种类型的课程,但有些是收费课程,只有一些教学视频,没有章节测试和期末考试,也没有讲师或者助教答疑解惑,不是真正意义上的慕课。

本项目团队教师从 2014 年开始关注在线学习。起初为了解决课时不足等外语教学实践中的问题,制作微课等课前学习的资源,尝试用翻转课堂的方式增加课堂上的交互。笔者在 2016 年中国高等教育学会和高等教育出版社举办的中国外语微课大赛中获得陕西省特等奖和全国二等奖,2017 年在陕西省高等学校教师微课教学比赛中获得二等奖。团队在 2016 年陕西省高等教育 MOOC 中心立项后,开始建设"大学日语"系列慕课。

课程由团队所在大学的教务处提供制作资金,本团队老师制作发布课程,制作过程涵盖课程选题、知识点设计、课程拍摄、录制剪辑等环节,课程发布后老师会参与论坛答疑解惑、批改作业等在线辅导,直到课程结束颁发证书。"大学日语"于

2018 年 3 月 19 日首次在中国大学 MOOC(爱课程)①、智慧树在线教育平台②上线,于 2018 年 5 月 28 日结课。"大学日语提高篇"于 2018 年 6 月 25 日首次上线,2018 年 8 月 27 日结课。目前,中国大学 MOOC 平台上有四门本项目团队建设的课程,分别是"大学日语""大学日语提高篇""大学日语进阶篇"和"大学日语发展篇"。截至 2023 年 6 月,前两门课程共开课 9 轮,后两门课程共开课 7 轮,合计订阅人数已经超过 90 万。

本章主要分析中国大学 MOOC 平台上"大学日语"课程第一轮授课的数据(2018 年 3 月 19 日—2018 年 5 月 28 日)。

2.3.2　"大学日语"课程概要

"大学日语"是由本项目团队在中国大学 MOOC 平台上开设的公开课。这门课程面向世界各地的日语学习者,目的在于帮助学习者学会日语发音、掌握日语基本词汇和初级语法,能做到实际运用,并初步了解日本社会和文化。

"大学日语"慕课选用《新大学日语标准教程 1－2(第二版)》(高等教育出版社出版)作为教材。这套教材以几名留学生的学习、生活为主线,每课一个主题,通过具体场景和人物设置,帮助学习者掌握相关日语词汇和语法的使用环境,并能应用到实际生活中。主题包括学校生活、季节和天气、购物、餐厅、研究室等,和大学生的实际生活密切相关。课程设计的目标是通过具体场景和人物设置,使学习者了解并熟悉日语词汇和语法的使用环境,能够运用学到的语言。

本项目团队的教师既是课程的授课者,也是教材的编者。课程共计 10 周,涉及教材第 1 至 8 课的内容。每周周一上午 10 点上线一课,包括"词汇""语法和句型""会话和短文""常用口语表达和知识窗""课后练习"等 5 个部分,每课包括 8～10 个教学视频,每个视频时长 5～10 分钟。平台注册的学习者每周需要学习 3～4 小时,然后在线参加测试,同时参与讨论区的讨论。学习结束后,参加期末考试。

课程要求学习者完成所有课程内容的学习。在此基础上,最终成绩的构成方式为单元测验占 30%,期末考试占 50%,论坛表现占 20%。分数按百分制计,60 分以上为及格,85 分以上为优秀。③ 每期开课会根据上期学习者的反馈对评价

---

① 课程网址为 https://www.icourse163.org/course/XJTU－1002533017。
② 课程网站为 https://www.zhihuishu.com/。
③ 评价标准根据课程情况,每期有调整。

标准进行调整,例如,第 5—8 期开课时,成绩的构成方式为单元测验占 30%,期末考试占 50%,论坛表现占 10%,互评占 10%。分数按百分制计,60 分以上为及格,80 分以上为优秀。其中,论坛表现是指学习者在"课堂交流区"的回复情况,要求发帖或回帖的数量超过 10 个。

讨论区是学习者和教师以及学习者之间进行学习交流、资源共享的空间,对于提升学生的参与感具有重要作用。虽然讨论区发帖主体是学生,但是教师在其中的引导作用不容忽视,其作用在于使讨论话题始终围绕课程内容,并逐步引导讨论规范有序直至深刻有意义。所以从这个层面上看,慕课讨论区中的讨论可以看作是在线教学活动的一部分。

2.3.3　"大学日语"课程数据

1. 课程界面

图 2-4 是课程的学习界面,包括"公告""评分标准""课件(即教学视频)""测验与作业""考试""讨论区"等 6 个部分。"公告"是学生进入学习界面看到的第一个页面,功能包括向订阅该课程的学习者发布课程动态、课程计划、课程配套资料等。本课程重视发布公告,每周周一新课程发布之前,都会采用公告以及邮件的形式提醒学习者。同时,采用公告和邮件的方式统一回答学习者共同的疑问(比如:"关于讨论区大家的提问,在此统一说明一下。"),及时告知学习资料的发布和更新(比如:"课后练习绕口令跟读视频及文字资料有更新啦!!!"),对善于总结、分享学

图 2-4　"大学日语"慕课学习界面

习心得、主动挖掘课程相关知识、主动开启话题讨论的活跃参与者进行表扬(比如:"活跃的同学们,谢谢你们!")。在 10 周课程开课期间,共发布 24 个公告,每周 2个以上,在时空分隔的在线教育中,起到了引导和支持作用。

2.学习人数

本课程于 2018 年 2 月 10 日在慕课平台预告开课,到 3 月 19 日课程开放时,选课人数达到顶峰,超 8000 人,课程开始后每天持续有 1500 名左右的学习者参加学习。截至课程结束,共计超过 11 万人订阅。课程结束后还持续有选课的学习者。截至 2023 年 6 月 30 日,共有超过 12.7 万人订阅了第一期课程。在中国大学MOOC 平台第一轮开课的外语类课程中,由于本课程参加人数最多,因此从 3 月19 日开课至 5 月 28 日结课,持续占据平台的"课程热度排行榜",这也是学习者持续增加的一个原因。

如表 2.2 所示,过去 9 期的课程共有 721300 人次的学习者订阅。需要强调的是,前 4 期课程中,每次都有超过 10 万学习者订阅,这是在线下课堂教学中无法想象的人数,但它并不是实际参加学习的人数。实际上,每期的订阅人数都远远超过参加单元测试人数、讨论区发帖回帖人数,更是远远超过参加期末考试的人数。

表 2.2 "大学日语"慕课开课信息(截至 2023 年 6 月 30 日)

开课轮次	开课日期	结课日期	选课总人数
第一次	2018 - 03 - 19	2018 - 05 - 28	127092
第二次	2018 - 09 - 10	2018 - 11 - 21	117638
第三次	2019 - 03 - 04	2019 - 05 - 24	120366
第四次	2019 - 09 - 09	2019 - 12 - 02	107469
第五次	2020 - 06 - 01	2020 - 08 - 14	67299
第六次	2021 - 03 - 01	2020 - 05 - 17	78714
第七次	2021 - 12 - 20	2022 - 03 - 01	60671
第八次	2022 - 09 - 05	2022 - 11 - 21	25606
第九次	2023 - 02 - 20	2023 - 05 - 08	16445

多个已有研究指出,注册了慕课并激活了自己账号,但是从来没有参加过学习的"爽约者"(no-shows)往往是课程注册者中最庞大的一个群体。除此之外,还有一些学习者登录课程,参加部分内容的学习,浏览其他学习者的讨论内容,这部分人被称为"旁观者"(observers)。也有全身心地学习课程内容、参与讨论并完成章节测试和期末考试的"主动参与者"(active participants)(姜蔺 等,2013)。慕课建设的最终目标是增加"主动参与者"的数量,提高课程的通过率。

3. 交互情况

慕课的主要交互形式是论坛中的发帖和回帖。帖子数量、回帖时间和教师的交互投入是表征论坛交互状况的重要指标(孙洪涛 等,2016)。本课程讨论区(包括课堂交流区、老师答疑区、综合讨论区 3 个版块)的主题总数为 1700 个,回复或评论数量达到 14000 多个,参与讨论的人数达到 3720 人。其中回复或评论最多的是本课程的助教,达到 700 多次,其次是任课教师,300 多次。孙洪涛等(2016)针对来自国内 14 个主要慕课平台的 622 门课程的教学交互状况进行了调查研究。其中"教育学"课程的平均主题帖数最多,达到了 596 条。可见,本课程在主题数量、教师参与交互的程度方面,已经超过了现有慕课的平均水平。今后需要对学习者交互意愿、交互方式、回帖热度等因素进一步分析。

4. 考核及评价

课程共有 15458 人参加考核①,最终获得优秀的有 121 人,合格的有 565 人。本课程合格率较低,除了在线学习的高辍学率和低通过率等共性之外,还有一些本课程自身的原因。第一,开课一周以后订阅课程的学习者大部分没有办法跟上课程的进度,推测其订阅的理由是"先关注,以后再学"。课程结束后问卷调查的结果也反映了这个倾向。这部分学习者属于"爽约者",是慕课学习群体中的大多数。第二,第一次建设慕课的教师对慕课平台功能不了解,导致对评价标准理解有误。中国大学 MOOC 平台的课程由教师上传课件,制定评价标准并发布。团队教师制定评价标准为"单元测验占 30%,期末考试占 50%,论坛表现占 20%","论坛表现按论坛活跃度算,要求发帖或回帖的数量超过 10 个"。实际上,根据平台的规定,在论坛的 3 个版块中,只有在"课堂交流区"发帖才被认定为评价中所需的"论坛表

---

① 中国大学 MOOC 平台认定的"参加考核"的标准是参加过任何一次章节测试或者期末考试均可。只参加过期末考试的人数是 1034 人,平均分是 77.61 分。

现"。学习者中有不少人拿到成绩后通过各种途径反馈："在论坛发帖很多，但论坛表现这一项成绩很差，导致没有合格，或者没有达到优秀"，这是教师团队没有预料到的，后期团队及时进行了说明解释，并在第二轮开课的学习页面中添加了相关说明。

课程介绍页的"课程评价"数量达到 701 条，评价分数为 4.8（满分 5），说明学习者对课程内容、教师讲解、教师和助教的答疑解惑、日语学习社区的建立等方面比较满意。

2.4　学习者数据分析

"大学日语"慕课在 2018 年 5 月 28 日第一轮结课后，团队针对注册学习者进行了问卷调查。问卷采用"问卷星"制作，通过本课程的公告栏和讨论区发布，共得到 330 份有效答卷。问卷主要针对学习者的所在地区、学习动机、职业、学科背景、日语水平、学习情况设定了问题。下面介绍问卷的结果。

1. 学习者所在地区

330 名回答问卷的学习者中，有 55 人来自广东省，约占 16.67％，是人数最多的。其次选课人数较多的地区是北京市，约占 6.67％，江苏省约占 5.50％，上海市，占 5.45％，安徽省约占 4.85％等，可见参加者大多来自经济发达地区。慕课建设的初衷之一是为教育水平较低的地区提供优质教育资源，参加本课程问卷调查的学习者大多来自经济发展水平和教育水平相对较高的地区。可能上述地区人口基数大，有日语学习需求的人数多，也可能因为这些地区的学习者有更多机会接触日语、日本人，从而激发对日语的兴趣。

2. 学习动机

对于学习动机，问卷中要求学习者最多可选三项，统计结果如图 2-5 所示。"出于兴趣"者最多，有 89.70％，其后依次是"喜欢学习外语"，占 58.18％；"想要挑战自己"，占 37.27％；"课程内容可以帮助我寻找新的工作"，占 12.42％；"希望与其他有同样兴趣的同学交流"，占 11.52％；"其他"，占 8.18％；"课程和我目前的专业学习有关"，占 7.58％；"课程和我目前的工作或商业行为相关"，占 5.45％。可见更多的学习者是出于内部动机而选课。

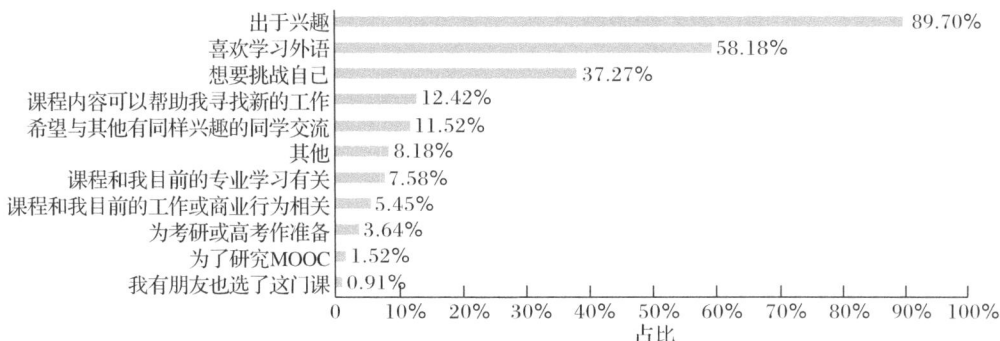

图 2-5 学习者的学习动机

3. 职业背景

330 名问卷回答者中在校本科生占 51.82%,全职工作者占 27.27%,在读研究生占 6.67%,还有一定比例的其他职业的学习者。这个结果说明虽然中国大学 MOOC 平台主要以在校学生为对象,但是本课程受众还是比较多元的,统计结果如图 2-6 所示。

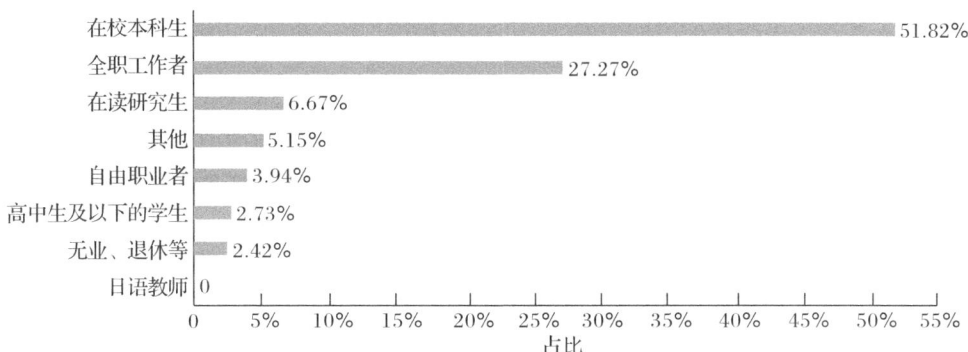

图 2-6 学习者的职业背景

4. 日语水平和学习情况

参加本课程学习的并非全部都是日语初学者,如图 2-7 所示,完全不了解日语的学习者仅占 23.33%,注册时就已掌握五十音图的学习者占 26.06%,掌握了 100～2000 个词汇的学习者占 46.05%。还有掌握了 8000 个以上词汇的学习者占 1.82%,这部分学习者在课程开课期间积极参与讨论,为初学者答疑,提供日语学习资源,起到了非常重要的作用。例如,ID 为 Masao 金鑫的用户,发帖 139 个,其中提问 0 次,回复其他学习者问题 120 次,评论 19 次。从其回答问题的内容可以推测这位用户日语水平较高,有可能是为了找到一起学习日语的同伴,或者分享自己在日语学习方面的经验才选课的。

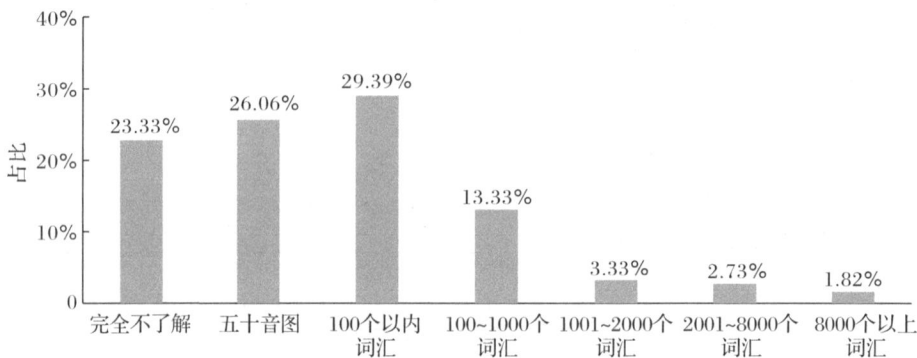

图 2-7　学习者在课程学习前的日语水平

关于学习情况，如图 2-8 所示，回答问卷的学习者有超九成全部或部分参加了学习。实际上，大部分人只是因为一时的兴趣参加学习，而因为各种原因并没有坚持学习。这部分学习者也不会来回答问卷。所以这个问题不能代表所有学习者的学习情况。对回答"完全没参加学习"的人，问卷追加询问了没有学习的原因（最多可以选两项）。选择"先关注，以后再学"的人最多，达到68.97％，其后依次是"没有时间"，占 58.62％，"本来就会日语"，占 13.79％，回答"太难了"的占 3.45％。可见，对于"完全没参加学习"的人来说，没有学习并不是因为对课程质量不满意，而是因为"没有时间"等客观原因，采取了"先关注，以后再学"的策略。

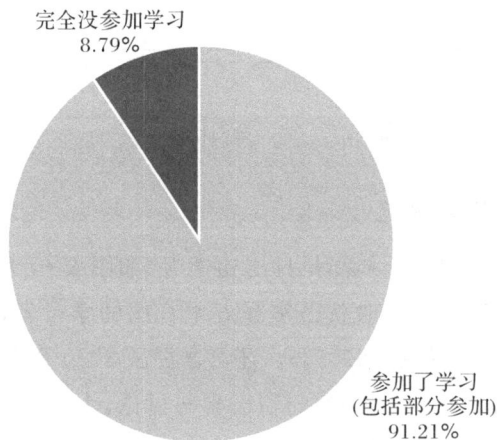

图 2-8　学习者的课程学习情况

5. 课程评价

问卷中要求学习者对本课程进行评价,采用利克特五级量表。表 2.3 呈现了学习者对本课程的评价结果。可以看出,学习者对课程的总体评价分值达到 4.59,对自己的学习情况满意程度的分值为 3.40。可能有部分学习者虽然对课程比较满意,但是因为自己的原因,没有达到满意的学习效果。希望继续学习后续课程、希望再学一遍、推荐给朋友等项目的分值都在 4.6 以上,说明学习者对课程满意程度较高,评价比较好。

表 2.3　学习者对课程的打分情况

项目	分值
我对这门课的评价	4.59
我对自己的学习情况很满意	3.40
我希望继续学习该课程的后续课程	4.77
我想再学一遍这门课程	4.63
我会推荐这门课给朋友	4.81

综上所述,虽然回答问卷的 330 人只是注册学习人数中的很少的一部分,但是也反映了本课程学习者的一些基本特征:学习者以在校大学生和研究生为主体,也有一定数量的全职工作者;学习者主要来自经济较发达的地区,基于兴趣等内在学习动机参加学习。有一部分具备一定日语知识的参加者,在组建日语学习社区方面起到了积极的作用。学习者对课程学习效果的评价正面积极,表示愿意学习后续课程和推荐课程给朋友。

2.5　结语

本章在归纳世界各国在线教育发展概况的基础上,基于调查数据,展示了国内高校日语在线开放课程的建设现状。然后介绍了"大学日语"慕课的建设背景和课程概要,展示了平台课程数据、结课后问卷调查的结果,分析总结了课程学习者的基本状况、在线交互状况、课程评价等。

笔者于 2023 年 6 月对中国大学 MOOC 平台的日语课程再次进行了调查(见附录 1)。共检索出日语课程 44 门,其中国家级一流线上课程为 9 门("大学日语"和"大学日语提高篇"为系列课程)。和 2020 年 9 月的调查相比,共计增加了 11

门。由于原有课程中有不再开课的，因此实际新增课程数量可能更多。而且，新增的慕课质量有了明显提升，例如，上海外国语大学的"基础日语语法"课程中，使用"体言：单纯的小王子""用言：多变的小狐狸"作为章节名，增加趣味性，有益于学习者增强学习动力。吉林大学的"综合日语实践——基础日语1"课程的教学设计严谨、讲解浅显易懂、教学视频制作精美，更加符合在线学习的需求。但是，现有慕课的同质化较为明显，如前所述，由于语言基础类课程和文学文化类课程符合在线教育大规模开放的特点，因此建设的课程总量较多。今后，慕课建设迫切需要提质增效，教学管理部门和教师在筹划建设在线课程之前，要作好课程定位，有针对性地设计与运用课程，以免造成教学资源的浪费。

　　本团队教师在建设慕课的过程中，经历了录制和编辑教学视频、学习慕课平台的各项功能、上线发布、在讨论区答疑解惑、参加讨论等各个环节，认识到其不同于课堂教学的各类特征。在信息化大背景下，全国多所高校积极推进慕课建设，日语教师是日语慕课建设的实践主体，同时也应该成为在线学习的研究主体。教师、助教等在线课程的建设和运营者基于外语在线课程的数据，可以开展在线交互状况以及翻转课堂、混合式教学等相关实证研究，同时，教师在实践和研究过程中的行动与反思有助于推进信息化外语教学环境下自身的专业发展。本书将在第5章至第8章介绍本团队教师开展的在线交互研究，第9章和第10章介绍混合式教学相关研究，第11章分析影响日语教师信息技术应用的因素，探索信息化背景下日语教师的专业发展路径。

第3章 在线翻译作业的误用分析

本章以"大学日语"及"大学日语提高篇"慕课学习者的语料数据为研究对象，运用网页抓取工具收集课程订阅者完成在线翻译作业的产出成果，以此为基础数据，深入分析初级日语慕课学习者的误用现象。研究通过对初级日语慕课学习者在线翻译作业中的误用进行分类，发展了仅在在线学习环境下产生的日语产出误用情况。研究结果为教师理解在线学习特性、合理设计符合在线学习需求的任务等提供了参考依据。

3.1 研究背景

误用分析是对学习者在第二语言习得过程中产生的误用进行系统分析。Corder(1967)在指出语言教学中进行误用分析的重要性之后，研究了误用的原因，分析了学习者的中介语体系，提出针对第二语言习得的过程与规律的研究逐渐增多，研究结果对教师、学习者、研究者都有帮助。通过误用分析，教师可以了解学习者对目标语的掌握程度及其所达到的阶段，学习者可以检验对所学的语言规则作的假设，研究者可以了解学习者的习得过程，以及在过程中所采取的学习策略和步骤。误用分析一般包括以下步骤：首先，从第二语言学习者的口头或书面表达中选择供分析用的语料。其次，确认是否为误用并对其进行分类。最后，解释误用产生的原因，评估误用的严重程度，如是否影响交流等。

在日语教育研究领域，从20世纪末开始，误用分析逐渐增多。迫田久美子(2004)指出，对于语言教育和学习，误用是理解学习者自身学习状况的材料，教师可以通过推测误用的原因思考对策和方法，改善教学。在国内的日语教育界，研究者偏爱语言对比与误用分析(原文使用"偏误分析"这个术语)，且基于语言对比分析的研究方法居多(张佩霞 等,2013)。也有针对学习者的日语产出数据进行习得研究的。毛文伟(2012)利用中国日语学习者作文语料库的数据探究了学习者的日语习得状况。冷丽敏等(2022)对国内二十年间的日语习得研究进行综述后指出，日语二语习得研究多数基于对比语言学理论，从偏误及母语迁移角度探究学习者在语音、词汇、语法等语言知识层面的习得状况。

在线学习与传统的线下学习者许多不同之处，例如缺乏教师监督、同伴激励、教师反馈不及时等。那么，在线学习环境下学习者可能会面临哪些问题？这些问题与传统线下学习环境中的日语学习有何不同？在线学习环境中的日语误用现象可能对学习者的语言学习产生何种影响？学习者如何在这种环境下克服困难，提高学习效果？

为了回答这些问题，我们对现有的日语误用分析研究进行了梳理。遗憾的是，目前绝大多数日语误用分析研究都以线下学习者为对象，而针对在线学习环境中的日语误用分析研究尚属空白。这一现状表明，在线学习环境下的日语误用现象尚未得到充分关注，学习者在这一领域的需求尚未得到满足。随着在线教育的普及，了解在线学习环境下日语学习的误用现象显得尤为重要。

从提高在线课程质量的角度来说，在建设教学资源的同时，对现有课程的运行情况进行分析也十分必要。学习者的产出是在线教学成果的一个重要体现，通过对在线外语产出中的误用现象进行分析，可以了解学生现有中介语体系的特点，以及在线学习不同于线下学习的特点，对进一步提升课程建设和平台支持提供参考。基于以上思考，本章以中国大学 MOOC 平台上"大学日语"和"大学日语提高篇"讨论区的翻译作业为研究数据，探究初级日语课程慕课学习者的误用倾向。

■3.2　研究设计

3.2.1　研究对象

本章以"大学日语"和"大学日语提高篇"第一轮课程中"课堂交流区"汉译日作业为日语产出的数据，分析学习者误用倾向。例如，第四课的目标语言知识包括"…は…です""…も…も…です""N₁のN₂；N₁とN₂""—さん/先生""…はです か"等，要求学习者翻译的句子如下：

①小王和小李都是医学院的学生。

②A：铃木先生是大学老师吗？

　B：不是，是公司职员。

"大学日语"第一轮授课时间为 2018 年 3 月 19 日至 2018 年 5 月 28 日，"课堂交流区"共 5 课 9 题,每课平均答题人数为 266 人。"大学日语提高篇"的第一轮授课时间为 2018 年 6 月 25 日至 2018 年 8 月 27 日,"课堂交流区"共 7 课 14 题,每课平均答题人数为 206 人。为行文方便,下文中这两门慕课均称为"大学日语",分析数据均来自"课堂交流区"。

3.2.2　分析方法

使用网页抓取软件 GooSeeker[①] 收集在线翻译作业的文本信息,参考王忻(2006)、曹红荃等(2021)确定误用类别并制表。已有的日语学习者语料库中,没有能统一误用类别、误用记述法和订正法的标准,故本研究采用王忻(2006)的基于日语语言记述体系对所有的误用例进行分类的方法。如果误用类别不在该范畴内,则参照曹红荃等(2021)规定的误用类别进行分类,并使用 Excel 为误用添加标签。最后统计各类别的误用数量,并结合学习者的误用实例进行考察。实例中误用处添加下画线,并在句末括号中注明正确用法。

分析过程中首先对比在线和线下学习环境中的日语误用现象,分析其异同点;其次,探讨在线学习环境下日语误用的成因,以便更好地指导学习者避免误用;最后,提出针对在线学习环境下的日语教学策略,以期提高学习者的学习效果。通过这些研究,我们有望为学习者在在线学习环境中更好地掌握日语提供有力支持。

3.3　研究结论

3.3.1　误用倾向及实例

1. 误用的数量

研究共计发现 1103 个误用。统计各类别的误用数量和所占比例,归纳为表 3.1。需要特别说明的是,在线翻译作业得到的是学习者在电脑或者手机端输入的日语表记,并非声音,因此归入语音误用的实例,严格说来是语音表记误用。下文中为了行文方便,将其简称为语音误用。

---

① https://www.gooseeker.com/。

表 3.1　各类型误用的数量和占比

误用类型	数量/个	比例/%
语音表記误用	193	19.00
文字词汇	277	27.26
语法	454	44.68
其他	92	9.06
总计	1016	100

通过表 3.1 可知，在各类型的误用中，语法误用数量最多，占比最大，超过了 44%。文字词汇误用、语音误用次之，这三种类型的误用占全部误用数量的 91% 左右。"大学日语"慕课是初级日语课程，需要 60～80 课时，学习结束后能达到日语能力考试（JLPT）的 N5 水平，这个误用比例的倾向，基本反映了在线学习初级日语的误用情况。下节列举各个类别的误用实例。需说明的是，一部分学习者存在反复发送作业的行为，在统计上未将其排除在外，另外，文体、标点符号等的误用暂不进行探讨。

2. 误用的实例

以下按照语音误用、文字词汇误用、语法误用的顺序列举误用实例。语音误用各下位分类的误用数量和所占的比例归纳为表 3.2。

表 3.2　语音误用的类型、数量和占比

误用类型	数量/个	比例/%
同音_「わ」和「は」	44	22.79
同音_「お」和「を」	7	3.62
形似_「わ」和「お」	11	5.70
形似_「ン」和「ソ」	2	1.04
清音・浊音	38	19.69
拗音	8	4.15
音节_长音	54	27.98
音节_拨音	7	3.63
音节_促音	14	7.25
其他	8	4.15
总计	193	100

由表 3.2 可知,长音的误用最多,占整体的 27.98%。以下为翻译作业中的实例。

例(1)わたしは毎日の朝コーヒを飲みます。(「コーヒー」)

例(2)私の家の近くにスーパや銀行や病院などがあります。(「スーパー」)

其次是同音(如「わ」和「は」)及清音浊音等的误用。

例(3)わたしは学生でわありませ。(「では」)

例(4)わたしわ大学の学生です。(「は」)

下面的例(5)和例(6)涉及清浊音的辨别。

例(5)鈴木先生は大学の先生ですが。(「か」)

例(6)わだしの家族は三人家族です。父と母とわだしです。(「わたし」)

以上语音表记方面的误用,在线下学习中也较常见,例如有研究中指出,日语学习者清浊塞音的发音方式仍是以母语汉语的送气与不送气音替代,初高级日语学习者的塞音均与日语母语者的塞音发音有显著差异(刘海霞,2012)。具体来说,汉语普通话中/p/和/b/、/t/和/d/、/k/和/g/是送气与不送气的对立,而日语中的假名「ぱ」和「ば」、「た」和「だ」、「か」和「が」的辅音是清音与浊音的对立,因此,很多中国日语学习者无法辨别不送气音/t/和浊音/d/,出现例(5)和例(6)中的错误。可见,虽然本章的数据来自学习者在电脑端或者手机端输入的日语假名,但是其错误也反映出学习者在线学习日语发音时,存在无法辨别送气音与不送气音的区别和无法正确感知清浊塞音的发音方式的问题。

文字词汇误用各下位分类的误用数量和所占的比例,归纳为表 3.3。

表 3.3 文字词汇误用的类型、数量及比例

误用类型	数量/个	比例/%
表記_汉字书写错误	7	2.53
表記_片假名	69	24.91
表記_送假名	12	4.33
表記_书写错误	59	21.30
词语选择_名词	92	33.21

误用类型	数量/个	比例/%
词语选择_动词	11	3.97
词语选择_形容词	27	9.75
总计	277	100

由表 3.3 可知,名词的选择、片假名使用错误较多。以下为翻译作业中的实例。

例(7)王さんも李さんも医学学院の学生です。(「医学部」)

例(8)昨日本店へ行って、たくさん本を買います。(「本屋」)

例(9)これは私のノートハソコソてす,そゎは鈴木さんのテスクトッフハソコソてす。(「ノートパソコン」「鈴木」「デスクトップパソコン」)

例(7)和例(8)中名词的选择出现误用可能是受到母语汉语的影响,直接将汉语词汇照搬到日语中,说明学习者对日语词汇不够熟悉。例(9)中还存在将"笔记本电脑"(「ノートパソコン」)输入为「ノートバソコ」、「ノットブック」,将"台式电脑"(「デスクトップパソコン」)输入为「ラスクトップパソコ」、「デスクトップパソユン」、「デスケトパソコン」、「デスクドップのパソコン」等误用。将"电脑"(「パソコン」)翻译为「のーバそ」、「バソコン」、「ハソコソ」等的误用也屡见不鲜。上述片假名的输入错误,说明学习者对片假名形态不熟悉,在相似形态假名的辨别上存在困难。另外,例(9)中使用的是汉字"铃木",推测是学习者不了解「鈴木」的日语发音,这里使用汉语拼音输入了汉字"铃木"。在学习日语的初级阶段,片假名的表記书写错误、使用汉字替代日语汉字等错误,是线下学习的书面作业中常常出现的,因此线上线下环境中的文字词汇误用也有共通之处。

最后,语法误用中的类型较多,下文分为词类、助词、时和体三类分别叙述。表 3.4 展示了词类误用的类型、数量和所占的比例。

表 3.4　词类误用的类型、数量及比例

误用类型	数量/个	比例/%
词性错误	11	16.18
名词_形式名词	7	10.29
动词_可能动词	3	4.41
动词_活用	18	26.47
形容词	9	13.24
连体词	7	10.29
指示词	10	14.71
副词	2	2.94
接续词	1	1.47
总计	68	100

由表 3.4 可知,动词的活用误用最多,约占 26%。其次是词性误用、指示词的误用等。

例(10)映画を見ますに行きます。(「見に行きます」)

例(11)週末の時、私はよく音楽を聴くたり小説を読んだりてす。(「聴いたり」)

例(12)これはわたしのラップトップです、あれは鈴木さんのデスクトップです。(根据练习所设置的语境,正确为「それ」)

在例(10)中,句型「……に行きます」中表示移动行为目的的动词,应该使用其连用形,学习者使用了「ます」形。在例(11)中,学习者没有掌握动词的「た」形。例(12)为指示词所指距离的判断错误。综上所述,学习者在词语使用场合的判断上存在困难。

助词的误用类型、数量和所占的比例如表 3.5 所示。

表 3.5　助词误用倾向的类型、数量及比例

误用类型	数量/个	比例/%
格助词_が	6	1.78
格助词_を	10	2.96
格助词_に	98	28.99
格助词_で	10	2.96
格助词_へ	10	2.96
格助词_の	37	10.95
接续助词	2	0.59
提示助词_は	151	44.67
提示助词_も	5	1.48
副助词_など	9	2.66
总计	338	100

由表 3.5 可知，提示助词「は」误用最多，其次则是格助词「に」。

例(13)私毎朝コーヒーを飲みます、姉はお茶を飲みます。（书面语中应为「私は毎朝コーヒーを飲みます。」）

例(14)ここにご飯を食べますが？（「で」）

例(15)私の家の近くスーパーや銀行や病院などあります。（「私の家の近くにスーパーや銀行や病院などあります。」）

例(13)中学习者遗漏了提示助词「は」，例(14)中格助词使用错误，例(15)中遗漏了助词「に」。这也是线下作业中常见的误用（王忻，2006），说明学习者在在线学习的初级阶段，尚未完全掌握助词的基本用法，反映了日语习得的普遍规律。

时、体的误用数量和所占的比例如表 3.6 所示。

表 3.6　时、体的误用的类型、数量及比例

误用类型	数量/个	比例/%
时	40	83.33
体	8	16.67
总计	48	100

由表 3.6 可知,"时"的误用为数不少,主要体现为过去时的使用错误。

例(16)昨日のその映画がおもしろくないです。(「面白くなかった」)

例(17)昨日は学校に行きませんでした。映画を見ます。(「見ました」)

例(17)中,学习者虽注意到了"时"的变化却未将前后两个分句的"时"统一,由此可见学习者对过去时的掌握尚存在问题。

3. 误用数量的变化

"大学日语"第 4 课至第 15 课要求提交在线翻译作业,其间学习者出现的各类型的误用的数量变化如图 3-1 所示。

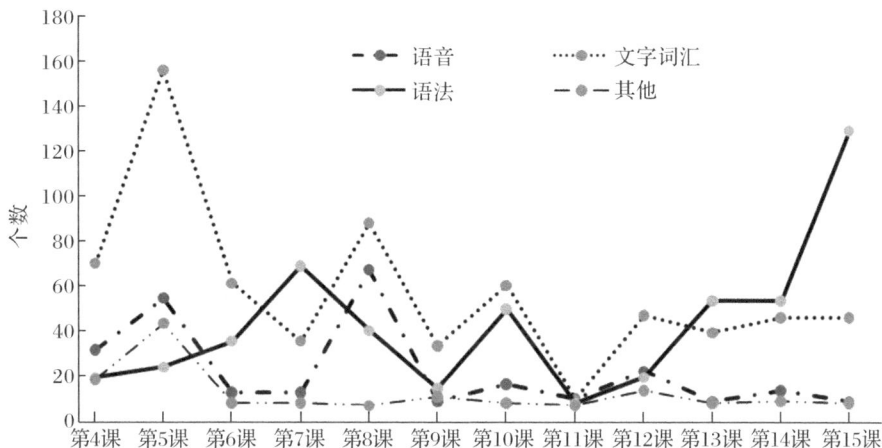

图 3-1　各误用类型的数量变化

由图 3-1 可知,从整体来看,文字词汇误用和语音误用呈下降趋势,语法误用和其他误用则呈上升趋势。

3.3.2　特殊误用

1. 输入错误

输入错误是在线学习中特有的、经常出现的现象。

例(18)鈴 kさんは大学の学生ですか。(「鈴木」)

例(19)私の部屋は広いです。でも、あまり綺麗ではありませh。(「ありません」)

这样的输入错误不会出现在线下的书面作业、测试中，是线上学习特有的错误。该类错误频出的原因可能有两个：首先，学习者在使用日语输入法时可能并未完全掌握它，从而在键盘输入日语时出现错误。学习者在日常练习中可能缺乏针对性反馈和指导，导致他们在实际操作中容易犯错。其次，学习者对在线学习的态度也是影响输入错误的一个重要因素。相较于线下授课，在线学习中的教师督促作用相对减弱，学习者可能会产生懈怠心理，对学习过程中的细节不够重视。这种情况下，学习者可能在输入内容时缺乏认真的态度，导致错误频出。

2. 复制粘贴现象

研究团队发现在"课堂交流区"的页面中，存在直接对其他学习者上传的作业进行复制粘贴的现象。如果被复制的学习者提交了错误的在线翻译作业，则后续的复制者会完全重复同样的错误。

例(20)いう、会社員です。(「いいえ」)

数据显示，例(20)中的错误在同一课程中重复出现了 11 次，这基本可以推断出学习者对其他同学上传的内容进行了复制粘贴。在"大学日语"慕课的评价体系中，"课堂交流区"的在线翻译作业作为过程性考核的一部分，占总评成绩的 20%。同时，在中国大学 MOOC 平台上，学习者可以直接查看"课堂交流区"中其他同学已提交的作业。为了获得这部分成绩，部分学习者选择了直接复制粘贴同学提交的作业。采用复制粘贴方式获得分数，不仅不利于学习者对知识点的习得，对其他学习者也会产生负面影响。学习者参加慕课课程应采取和线下课程同样的学习态度，认真学习视频等内容并独立完成作业。

为了避免复制粘贴的行为，目前可行的一个解决办法是，在中国大学 MOOC 平台上不在讨论区布置作业，而是通过下发作业形式布置任务。在这种模式下，尚未提交作业的学习者无法查看他人的作业，但这样的话，均需要教师或助教逐个反馈作业情况，增加了教师的工作量，也减少了学习者之间互相学习的机会。

3.4 结语

本章数据来自"大学日语"及"大学日语提高篇"这两门慕课学习者在线翻译作业中的日语产出内容。研究的核心目标是深入探讨初级日语慕课学习者在学习过程中的误用倾向，以便为教学实践提供有针对性的参考。研究主要发现如下：

第一,初级日语学习者在汉字、形似假名的辨别以及助词的基本用法方面存在一定困难。这可能是因为汉字和假名的辨别需要对字形和字义有较深入的理解,而助词的基本用法涉及日语语法的核心规则,这对初学者来说比较困难。此外,学习者在动词、指示词、时、体等方面的使用也存在困难,这表明学习者对其的掌握程度仍有待提高。

第二,语音误用和名词选择可能受到学习者母语汉语的影响。在学习日语语音和词汇的过程中,学习者往往会不自觉地将汉语的语音和词汇规则应用于日语学习中,从而导致一定的误用。这说明在学习日语的过程中,跨语言因素对学习者的语音和词汇掌握具有一定的影响。

第三,随着学习过程的推进,学习者的误用倾向也随之发生变化。文字词汇和语音的误用呈下降趋势,语法和翻译的错误则呈上升趋势。这表明在学习过程中,学习者对于日语知识的掌握程度在不断调整和优化。因此,教师在教学过程中应关注学习者的个体差异,以及在不同学习阶段可能出现的问题,及时调整教学策略,以提高教学效果。

第四,在线学习和线下学习日语的学生,在产出方面出现了共同的误用倾向,这是由二语习得的普遍规律决定的,并不受学习方式的影响。因此,已有的线下语言习得研究的成果也值得在线学习参考和借鉴。同线下学习一样,为了更好地提高教学质量,教师应关注学习者的误用现象,并针对性地进行指导和纠正。同时,学习者本身也要加强对日语语法和词汇的学习,提高自己在实际应用中的语言准确性。通过不断地实践和反馈,逐步克服误用倾向,提高日语水平。

第五,不同于传统线下教学,在线学习环境中,键盘输入方式会带来输入错误、复制粘贴等问题。为了减少线上学习中的输入错误和复制粘贴等错误行为,教师在在线教学中应加强对学习者的督促和指导。例如,及时发现和纠正学习者的错误,并且在公告栏和讨论区指出相应问题。同时,应该提醒学习者提高学习积极性,主动掌握日语输入法。学习者应在日常学习中培养认真、严谨的态度。这不仅有助于提高输入准确性,也有助于养成良好的学习习惯。教师可以活用讨论区,建议学习者分享自己学习日语的经验与方法,提高学习效果。

本章探讨了初级日语慕课中学习者在线翻译作业中的误用现象,并识别出了一些仅在在线学习中出现的误用类型,这有助于更深入地理解学习者在在线环境下的真实需求。研究结果为教师了解在线学习特点、制定符合在线学习需求的任务提供了参考，为日语教育工作者提供了有针对性的教学策略和方法。

　　本章数据仅反映了日语能力考试 N5 级别学习者的误用倾向，今后有必要对更高阶段的在线日语学习进行系统性分析。另外，慕课各章的单元检测题也可作为研究对象，今后从客观试题和主观试题两个角度进行分析，有助于更全面地了解学习者的中介语体系。

　　随着在线教育规模的扩大，针对在线学习环境的日语误用分析研究将在多个层面展开，从而更大程度地丰富日语习得研究的成果。

第4章 基于学习者视角的外语在线课程质量评价指标研究

近年来外语在线课程发展迅速,基于学习者视角的课程质量评价指标对提升课程质量具有重要意义。本章采用扎根理论,选取中国大学 MOOC 平台上 30 门外语课程的用户评论,对和课程质量相关的评价内容进行三级编码,探讨基于学习者视角的外语在线课程质量评价指标。评价指标共包含 5 个一级指标(教师、学习效果、课程内容、课程管理与交互、技术与平台支持)和 14 个二级指标。结果显示,学习者重视教师和课程内容,同时倾向于用自己感知到的学习效果来评价课程。另外,研究发现,学习者在进行课程评价时受到课程类型的影响,对于语言基础类和技能类课程关注教师维度,对于文学文化类课程关注教师和课程内容维度,对于专门用途类课程关注学习效果维度。

4.1 引言

近年来,在线教育得到快速发展,尤其在新冠疫情的影响下,在线学习的人数和在线课程的数量明显增加。根据世界慕课大会的统计,截至 2020 年 12 月,中国的在线课程数量已经超过了 3 万多门,学习者的数量高达 5.4 亿余人,慕课数量与学习规模已位于世界第一。①

在课程数量以及学习者数量快速增长的同时,探讨慕课的质量提升途径也成为重要课题。慕课学习被诟病的最大问题就是学习者的高辍学率和低通过率(Kizilcec et al. ,2013;Wang et al. ,2018;姜蔺 等,2013)。研究数据显示,大部分慕课的完成率低于 10%(Liyanagunawardena et al. ,2013)。这一现象在外语类课程中也同样存在(孙先洪 等,2021)。

明确在线课程的评价指标可以以评促建,提升在线课程的质量。已有研究从课程平台、课程建设者和用户(即学习者)三个方面,尝试构建在线课程的质量评价

---

① 具体信息见 http://www.gov.cn/xinwen/2020-12/12/content_5569058.htm。

指标。基于课程平台视角的评价指标注重平台的定位和功能，以服务课程建设为目的，如刘和海等（2016）从宏观、中观、微观三个层面提出中文慕课平台的优化策略。基于课程建设者即专家和教师视角的相关研究，力求构建具有可行性的课程评价指标。如童小素等（2017）采用文献调查法和专家访谈法，确立了包含3个一级指标（教学设计、课程内容和学习支持）在内的评价体系。邱均平等（2015）基于慕课专家、教师等的意见，构建了包含5个一级指标（教学队伍、教学内容、教学资源、教学效果和教学技术）的质量评价指标体系。

　　由于提升课程质量必须以促进并发挥学习者认知主体作用为前提（高地，2014），近年来基于学习者视角的研究逐渐增多，其更加重视学习者的学习需求与学习体验。如黄璐等（2017）面向在线课程学习者开展问卷调查，整理了影响课程质量的3个因素，分别为学习支持与服务、课程学习目标与教师素养、课程设计与学习进度，并发现前两个因素是影响学习效果的主要因素。黄璐等（2020）进一步从满足学习者的内容体验角度出发，梳理已有在线课程质量评价研究中的内容质量要素，指出应该从内容的专业度、稀缺度、规范度3个维度，评价在线课程内容的质量。赵呈领等（2020）以教师研修类课程的学习者为对象开展问卷调查，通过因子分析得到包括感官体验、情感体验、行动体验、内容体验、服务体验和实用性体验等6个维度、28个核心因素。除问卷调查外，也有研究分析学习者对课程的评价文本，如周德青等（2021）爬取学习者的课程评价，分析文本后指出学习者在评价课程时最关注课程内容、学习反馈、情感态度与学业价值。王璐等（2017）使用扎根理论等质性研究方法构建质量评价体系，探索构建面向学习者感知的评价指标。

　　如上所述，关于在线课程质量评价的研究，国内已有不少学者采用量化方法或者质性方法构建了评价指标体系，得到了具有部分共同属性的框架。但是目前的评价指标未进行领域的细分，基于学习者视角的、专门针对外语课程的研究还十分少见。外语课程不仅学习者众多，课程类型也十分丰富。学习者作为课程评价的主体，他们关注哪些评价指标，如何理解课程评价指标之间的关系，对于不同类型课程的评价存在怎样的差异等问题，都是进行课程质量评价时需要关注的重要课题。因此，有必要立足于学习者视角开展研究，以期明确外语课程质量评价过程的核心内容，同时发现已有研究未曾提及的新的评价指标，为慕课的建设者和平台运营方提供参考。

学习者在课程平台上发表的评论是课程质量最为直观的反馈,是保证和提升网络课程质量最有效的参照之一(Yuan et al.,2013;Xie,2019),因此,本书以爱课程平台上外语类课程的课程评论为研究对象,讨论基于学习者视角的质量评价指标,先采用扎根理论的方法,确定外语在线课程的质量评价指标,并分析其内容,之后,将课程按照内容分为四类,即语言基础类、语言技能类、文学文化类、专门用途类,分析学习者评价不同类型课程时关注点的异同。

本章重点探讨以下两个问题:

(1)学习者评价外语在线课程质量的指标是什么?

(2)对于不同类型的外语在线课程,学习者关注的评价指标有何不同?

4.2　研究设计

1. 数据收集

截至 2021 年 1 月 1 日,爱课程平台上共有超过 300 门英语课程。英语以外的外语课程中日语最多,共有 35 门。为了比较不同语种、不同类型课程评价指标的异同,笔者选取了课程评论数量最多的 20 门英语课程和 10 门日语课程,分为语言基础类、语言技能类、文学文化类、专门用途类四种类型。这 30 门课程的开课院校有外国语大学和综合性大学,也有职业技术学院,能够代表现阶段开设在线外语课程的院校情况。

选定课程后,首先收集评论,生成数据集,30 门课程共收集到 23475 条评论。然后,对数据进行清洗,经人工阅读后删除了如"棒棒棒""真是太好了"等过于抽象、没有具体内容的评论。为了确保数据清洗操作的客观性,以"实用日语"课程的 313 条评论为样本,对评论的筛选进行客观性检验。两名研究人员筛选结果的相关系数达到 0.998,保证了筛选的客观性。最后,采用等距抽样的方法,从每门课程中抽出 10% 的评论,随机确定起点,每隔 10 条评论抽取一个,共抽取 1503 条评论,总计 39259 个汉字。这 1503 条评论中的前 1203 条用于分析,剩余的 300 条评论用于理论饱和度检验。同时,使用扎根理论对数据进行分析后,对两位研究人员的分析结果进行了信度检验。

2.数据分析

先对材料和数据进行整理和分析,然后通过系统化的操作程序,自下而上地进行编码,包括开放式编码、轴心式编码以及选择性编码三个阶段。使用 Nvivo12 进行如下操作:①将文本导入 Nvivo12 软件;②开放式编码:将评论中与课程质量有关的部分抽出并进行整理,形成概念;③轴心式编码:将意义相近的概念进行合并,生成基本范畴,进一步归纳出核心范畴;④选择性编码:将分析结果进行梳理和总结,制作课程评价指标的框架。下文中用< >表示概念,用[ ]表示基本范畴,用【 】表示核心范畴。

3.信度检验

信度检验参考李兴旺(2015)的研究。研究人员甲分析全部的原始材料,即 1203 条评论,并形成初始概念。然后,选取 300 条评论进行分析。这 300 条评论采用等距抽样的方法抽出,涵盖了所有课程。最后研究人员使用公式 $R=\dfrac{n \cdot k}{1+(n-1) \cdot k}$,计算信度 R。其中,R 是信度,n 是研究人员数量。k 是平均相互同意度,$k=\dfrac{2M}{N_1+N_2}$。M 是两人完全同意的评论的数量,N_1 和 N_2 是两人各自分析的相同评论的数量。两个概念列表的一致度越高,R 的值越大,结果的信度和客观性也就越高。本研究的信度为 0.88,表明本书中的编码具有较高的信度。

4.理论饱和度检验

将 300 条评论作为理论饱和度检验的样本,并对 300 条评论进行开放式编码,观察是否产生新的概念,如果有新的概念产生,且与之相关的评论数不少于 5 条,则将这个概念纳入评价指标中。若没有新概念产生,或新概念包含的评论数少于 5 条,则认为现阶段的理论已经达到了饱和状态。在本研究中,对评论进行编码的时候没有新概念产生,这表明现阶段的评价指标已经达到了理论饱和。

4.3 评价指标的确定

1.开放式编码

对 1203 条评论进行编号,20 门英语课程编为 a—t,10 门日语课程编为 A—J,每门课程的评论编为 1—n,例如《大学英语词汇解析》共有 136 条评论,编为 a1—a136。共抽出与课程质量相关的 1341 个初始概念。初始概念中有意义重叠时,进行整理合并,得到概念(用< >表示)。例如,"A70 课件制作得不错"属于"课件质量"这一初始概念,"g55 补充材料齐全"属于"补充资料"这一初始概念,而"课件质量"和"补充资料"可以合并为<教学材料>这一概念。按照这样的操作程序,共形成了 35 个概念。这 35 个概念中,<没有外教> <内容的正确性>等 5 个概念涉及的评论数均为两条及以下,分析的价值较低,将其剔除。最终,得到了 30 个概念。

2.轴心式编码

在这一阶段,探讨概念间的关系,形成基本范畴(用[ ]表示)和核心范畴(用【 】表示)。先对概念进行分类,例如<教师的发音> <教师的语速> <使用外语授课>3 个概念,均可归纳为[教师语言表达]这一基本范畴。重复上述工作,最终将 30 条概念归为 14 个基本范畴。接下来,整理概念与基本范畴之间,以及这些要素与课程质量之间的关系,形成了【教师】【课程内容】【学习效果】【课程管理与交互】和【技术与平台支持】5 个核心范畴。

上述 5 个核心范畴形成了课程质量评价的一级指标,14 个基本范畴形成了二级指标。学习者对于各个指标提及的次数,能够在一定程度上反映学习者对这些指标重视的程度。因此,按照各项要素中所含初始概念的数量在整体中的比例,计算了各部分的权重。例如,【教师】这个一级指标中共包含 1341 个初始概念中的 581 个,因此,【教师】的权重为 43.32%。

表 4.1 列出了本书所归纳的 5 个一级指标、14 个二级指标和 30 个概念,以及一级指标和二级指标的权重。由表 4.1 中数据,我们可以发现指标之间有较大差异,【教师】权重最大,【学习效果】和【课程内容】次之,这三个指标占初始概念的 95%,是学习者最关注的评价指标。也就是说,学习者最关注的是教师的教学水平、语言表达及教师形象,其次是学习课程的获得感、教学内容质量和教学设计等。而对于视频质量和网站性能、课程管理和交流交互等方面,学习者在课程评价中相对较少提及。

表 4.1　外语在线开放课程质量评价指标体系

一级指标		二级指标		概念
指标名称	权重	指标名称	权重	
教师	43.20%	教师教学水平	24.90%	<教师的教学方法> <教师讲解清晰>
		教师语言表达	6.50%	<教师的发音> <教师的语速> <使用外语授课>
		教师形象	11.80%	<教师的教学风格> <教学态度> <个人魅力>
学习效果	27.20%	获得感	26.50%	<知识获取> <能力提升>
		激发学习兴趣	0.70%	<激发学习兴趣>
课程内容	24.50%	教学内容质量	13.00%	<内容充实丰富> <内容安排合理> <内容实用有趣>
		教学设计	6.40%	<课程的进度安排> <练习及作业安排>
		课程的趣味性	2.80%	<课程的趣味性>
		教学材料	1.90%	<教学材料的质量> <教学材料的可获取性>
		课程相关说明	0.40%	<适用的学习人群> <教材说明> <课程时间节点清晰>
技术与平台支持	3.30%	视频质量	2.60%	<视频的时长> <字幕的有无及质量> <视频的制作水平>
		网站性能	0.70%	<系统的稳定性> <系统的兼容性>
课程管理与交互	1.70%	课程管理	0.70%	<考核评估>
		交流交互	1.00%	<师生交互> <生生交互>

3.选择性编码

选择性编码主要是整理各指标之间的关系,以及对课程质量产生的影响,目的是构建一个综合性的框架。本书的核心范畴共有 5 个,分析它们之间的关系以及与课程质量的关系之后,用 Nvivo 12 作出核心范畴的关系图。将关系图的模型进行整理,得到了图 4-1 的课程质量评价指标的框架。

图 4-1 中,实线框代表核心范畴,虚线框代表基本范畴。5 个指标直接影响课程质量,且指标之间存在相互影响的关系。其中,【教师】是教学活动的主体,【课程内容】是学习对象,【学习效果】反映了学习者的学习体验,【课程管理与交互】对学习者起促进作用,【技术与平台支持】是影响课程质量的外界因素。

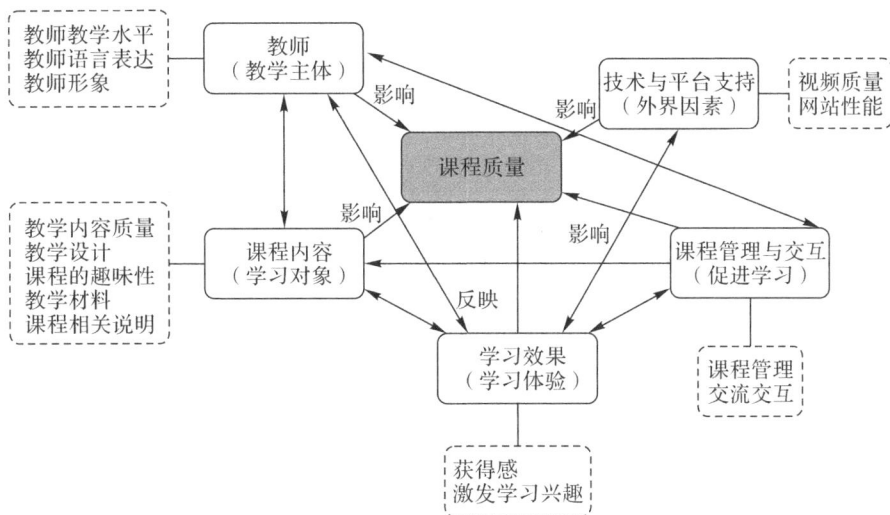

图 4-1　课程质量评价指标框架

4.4　评价指标的分析

4.4.1　评价指标的内容分析

1.教师

【教师】是教学活动的主体,是学习者评价课程的最重要指标,二级指标包括[教师教学水平][教师语言表达][教师形象]三个方面。1341 个初始概念中,有 581 个与教师相关,其中 57% 的评价是关于[教师教学水平]的,包括"老师的讲解非常生动(d5)","老师讲得很好,清晰透彻(g6)"等。在线课程中,教师和学习者时空相隔,缺少教师的干预和面对面指导时,学习者的注意力和效率会降低(马秀麟等,2018)。即使学习者有学习意愿,如果缺乏监督以及学习的临场感,他们的注意力和学习的自律性也会在一定程度上受到影响。如果教师的教学方式得当、讲解清晰易懂,学习者会更容易坚持,因此,教师是影响课程质量评价的重要因素。

[教师形象]指的是教师的个人因素,包括<教师的教学风格><教学态度>以及<个人魅力>,例如"老师吐字清晰,很有气质,给人一种信服的感觉!(A69)","第一次上 MOOC 学习,老师的形象非常正式(A113)",学习者眼中的教师形象是评价课程质量的重要因素,其权重为 11.8%,仅次于教学水平。

[教师语言表达]包括<教师的发音><教师的语速>以及<使用外语授课>。

首先,在外语课程中,学习者十分关注教师发音是否标准。标准的发音既是外语学习的范本,也能够激发学习者的学习兴趣。例如,"喜欢老师的发音,希望自己能够跟着老师学习,发音更加标准(d14)","老师们的口语都特别的好,而且发音特别的清晰,值得学习(g50)"。可见,发音的准确性成为评价外语课程的重要因素。其次是教师的语速。线上教学中,教师无法实时评估学习者的水平,也无法像线下课堂一样通过观察学习者的反应来调整语速,因此,教师的语速成为影响学习效果的指标。例如,"老师讲课语速较慢,吐字清晰,非常适合我们这些听力有待提高的人(q75)","对于没有翻译基础的学生来说,材料有点难,语速偏快(g27)"。最后,<使用外语授课>也是学习者关注的要素。使用外语授课给学习者提供了更多的外语输入,成为外语在线课程的独特评价指标。例如,"希望更多一些关于英文式的讲解这样的课(q7)","老师的全英课程可以很好地锻炼英语听力,对英语学习帮助很大(i7)"。

2. 学习效果

【学习效果】主要包括学习者自述的学习目标达成度,包括两个方面:一是[获得感],学习者认为自己学到了新的知识或者自己的外语能力有所提升。例如,"本次课程我觉得很有趣,讲解了文化和音乐之间的关系,收获很多(k40)","老师们讲解很细致,通过听课认清楚了如何做好 presentation,如何避免各种错误的做法,十分感谢,很有收获(p8)"。二是[激发学习兴趣],例如,"课程大大提升了我对学习翻译课程的兴趣(g52)"。

3. 课程内容

【课程内容】对课程质量有直接的影响,包括[课程内容质量][教学设计][课程的趣味性][课程相关说明]以及[教学材料]五个方面。[课程内容质量]是影响课程评价的基本要素,例如,"第三单元检测的 16 题答案有错(e14)"。当教学内容出现错误时,学习者会对课程的质量产生负面印象。[教学设计]主要包括<课程的进度安排><练习及作业安排>等,例如,"课程安排很合理,学起来循序渐进,系统科学,争取一直坚持学下去(q96)","我原本是不会日语的,但是老师安排的课程十分符合逻辑性,让我学习到了各种关于日语和日本知识相关的内容(J11)"等。可见,合理的教学设计能够给学习者良好的学习体验。[课程相关说明]以及[教学材料]所占比例相对较小,但也是重要的评价指标。通过课程说明,学习者可以做好上课准备,了解预习和复习的任务。教学材料的质量以及教学材料能否顺利下载等可获得性也影响学习者的学习体验。

4．技术与平台支持

【技术与平台支持】主要包括［网站性能］和［视频质量］,这部分评论数量比较少,占 3％。在［网站性能］方面,学习者主要提及了＜系统的稳定性＞和＜系统的兼容性＞。这一要素相关的评论中,大多数是负面评论,例如,"视频看一半自动退出了(f16)"反映了系统在稳定性方面存在不足。"电脑端一直看不到互评的作业(i25)"说明该网站没有很好地适配手机端和电脑端两个终端,系统的兼容性还需改进。［视频质量］可以分为＜视频的时长＞＜字幕的有无及质量＞＜视频的制作水平＞三个方面。适当的视频时长能够保持学习者的学习兴趣,也利于学习者集中注意力。字幕的语种、字体、字号和颜色都会对学习者的学习体验造成影响,例如,"字幕很小,颜色还没有区分度(p13)",过小及颜色不合适的字幕都会给学习者带来负担,影响其对课程的评价。

5．课程管理与交互

【课程管理与交互】包括［课程管理］以及［交流交互］两个方面。［课程管理］是学习者针对课程考核和评估进行的评论。这部分评论整体数量较少,占全部初始概念的 0.7％,其中大部分是负面评价,如"我小测几乎满分,为什么总成绩只有 77 呢?（m35）","到底是哪个题错了,正确答案是什么,完全没有说明(o15)"等。从评论的内容来看,及时批改作业、给出测验的成绩、明确给出评分标准、及时向学习者提供学习成果的反馈等课程管理的时效性,是影响课程质量的重要因素。

本书涉及［交流交互］的初始概念占总体的 1％,大多是正面评价,例如,"老师认真负责,每周都会回答我们的问题(J1)",这是对教师定期答疑的正面评价。"一有时间,我就去讨论区看看同学们的帖子,回复同学的疑问和感兴趣的话题,大家的交互让我觉得很有学习气氛,让我学到了更多(J15)",反映了学习者对讨论区上形成的学习共同体的积极认可。

6．讨论

以上分析了学习者评价外语在线课程的 5 个指标。学习者重视【教师】【学习效果】和【课程内容】,对【技术与平台支持】较少提及。这一方面反映了教师和授课内容已成为在线外语课程的核心竞争力,也反映了技术进步带来了学习者满意度的提升。在王璐等(2017)的体系中,系统特性与视频质量两个一级指标(相当于本书中的【技术与平台支持】)所占的比例高达 30％。但在本书中,这一项仅占

3.30％。笔者认为这个数字的变化反映了在线课程建设技术的进步，王璐等（2017）的数据截至2016年11月，比本书早了5年。5年前，在线学习系统的响应速度、稳定性以及视频的质量都是影响学习效果的重要因素。当平台的稳定性、兼容性、响应速度出现问题，或者视频在画面、声音、传递信息的有效性方面不能满足学习的需求时，学习者倾向于作出负面的评价。近年来，随着技术的发展，系统的稳定性、视频的制作水平都有了很大提升，因此，与技术与平台支持相关的评论也越来越少了。

当然不可否认，目前平台的功能还不能完全满足外语学习者的需求，例如，大多慕课平台在论坛的提问、答疑和讨论只能采用文字和图片的形式，不利于语音和口语的教学。"英语语音"课程的讨论区有学习者提问"摩擦音怎么发，放在单词或者句子中很难掌控"，教师回答"先对着舌位图，把音标念清楚，再推及单词和句子"，这样的反馈，可能无法真正解决学习者的问题。田丽丽等（2022）指出，在线环境中师生交互渠道不畅会影响学习者对于反馈的吸收。线下的语音教学中，教师示例、学生模仿、教师反馈是最常见的交互形式，目前慕课平台还无法实现线下教室里的声音交互。另外，增强人机交互的功能、布局清晰友好的导航页面、设置问题驱动的任务、开展及时的辅导和反馈等，都会提高学习者的参与性和交互性，可以有效减少学习场景的缺失感，增强学习者的学习主体性意识。

本书中，学习者对【课程管理与交互】也提及较少。已有研究大多强调在线交互的重要性（安哲锋 等，2018），指出交互能够激发学生的能动性（杨港 等，2021），但在本书的研究结果中，涉及师生交互和生生交互的评价指标权重占比较低。从原始材料来看，有关交互的评论分布在各个课程中，与课程的类型没有明显的关系。在1503条评论中，使用"交流""讨论""回答问题"等关键词进行检索，最终得到24条与交互相关的评论，且基本是正面评价。本书中，学习者评价涉及交互较少，我们认为有可能是因为教师和学生没有充分利用课程的讨论区，因此相应的评价也不多。詹泽慧等（2020）指出，个体在线参与程度在学习者课程总评中所占的分值越大，学习者越倾向于积极参与到在线讨论中。而现有外语课程中对于"在线讨论"的评价随意性较高，不同课程交互成绩占比差异大，在评价依据上没有统一标准（孙莉 等，2020）。因此，将线上交互纳入评价指标且要求明确、教师反馈及时的课程，线上交互会比较积极，反之则交互很少。例如，"学术交流英语"课程的讨论占总成绩的10％，评分标准要求"针对某些知识点教师会发起一至两个开放式讨论题。讨论一律用英文,且发帖字数不少于 50 字"。"大学日语"课程规定"论坛表现"占总成绩的 20%,要求在课堂交流区的发帖或回帖的数量超过 10 个。这两门课程对交互要求比较明确,因此学习者在讨论区发帖回帖数量多,交互相对活跃。

另外,我们分别计算了 20 门英语课程和 10 门日语课程的数据,发现指标构成和指标权重占比等无显著差异,可见上述结论并不受语种的影响。

4.4.2　不同类型课程的评价指标比较

以上分析了学习者评价课程质量的主要指标,那么学习者对不同类型的外语课程关注点是否不同呢?我们按照语言基础、语言技能、文学文化、专门用途这四种课程分类,分别计算了一级指标所占的比重,并绘制成雷达图,如图 4 - 2 所示。

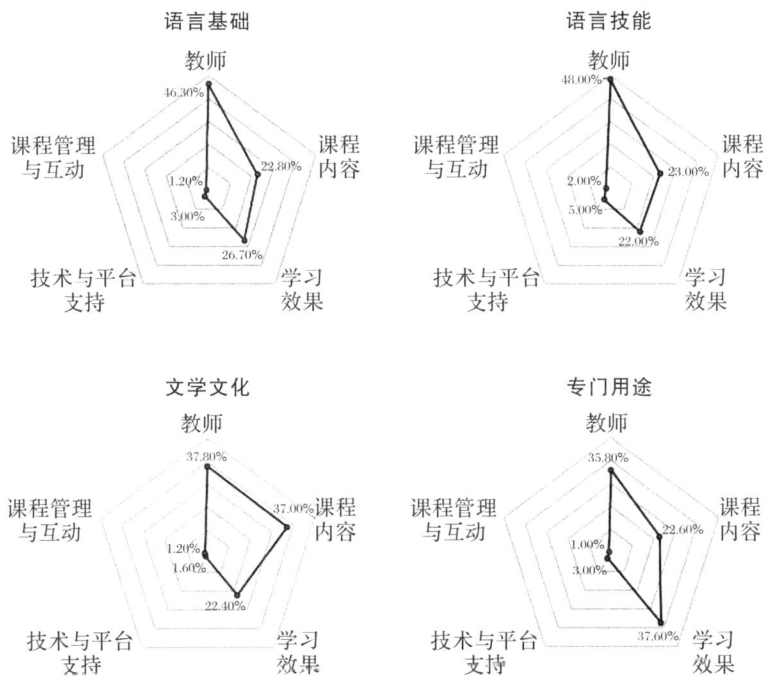

图 4 - 2　不同类型课程的评价

图 4 - 2 显示了四种不同类型课程中 5 个一级指标的占比。其中,语言基础类和语言技能类课程非常相似。5 个一级指标中,【教师】所占比例最高,其次是【学

习效果】和【课程内容】。但是,【教师】下的二级指标有差异,语言基础类课程中[教师的教学水平]占 69%,[教师的语言表达]占 15%。而语言技能类课程中[教师的教学水平]占 54%,[教师的语言表达]占 40%。我们推测,基础类课程的授课内容及教学方式相对固定,因此教师的教学水平得到凸显。而技能类课程中,基于能力提升的需求,学习者也注重教师的外语发音是否标准等语言表达方面的素质。

与这两门课程不同,文学文化类课程 5 个一级指标的占比,【教师】和【课程内容】所占比例相近。也就是说,与其他种类的课程相比,学习者在评价文学文化类课程时,更加重视课程内容。学习者在选择文学文化类课程时,大多是为了理解外国文学、文化的相关知识,开阔视野。因此,课程内容能否符合预设的目标是学习者在评价时最关注的指标。

专门用途类课程的评价要素中,评论涉及最多的是【学习效果】,其次是【教师】。例如,"学到了很多实用的知识(p16)","更加清晰地了解了会议的流程和规则(p57)"等。"商务英语""学术交流英语"等专门用途类课程有专门的学习内容及应用领域,重视实用性,因此,学习者倾向于针对自己的收获进行评论。

从图 4-2 的结果中可以得知,虽然课程类型不同,但是学习者都非常重视【教师】这个评价指标。当前,在线教育日益发展,师生关系发生了明显变化,学生可以在任意时空自主选择在线课程,降低了对教师的依赖程度。即便在这样的情况下,学生仍然需要教师介入学习过程,解决学习的核心问题(李芒 等,2022)。因此,在技术重塑教与学时空逻辑的进程中,虽然教师面临着新的教学挑战,但是基本的教学能力和素养依然是保证课程质量的第一要素。

上述结果显示,对于不同类型的外语课程,学习者的关注点不同。对于文学文化类的课程,学习者重视【课程内容】,这个评价指标和学习者想要了解外国文学和文化知识、开阔视野的需求密切相关。为了提升学习者的获得感,建设相关在线课程时,应该提前进行学习者的需求调查,避免课程建设的同质化。对于专门用途类课程,最受学习者关注的要素是【学习效果】。时空相隔的在线教学中,教师很难直观判断学习效果,但是可以利用丰富的平台数据进行间接判断。如通过课程评价和讨论区获取学习者的直接反馈,通过视频观看次数、作业完成情况、测试成绩等数据了解学习情况。为了提高学习效果,教师应该适时介入,解决学习困难,避免学习倦怠。另外,张洁等(2021)指出,在线语境下学习者不仅使用文字信息,还利用表情符号和语音消息等多模态语言进行交互,因此在进行教学任务设计时,也应考虑多模态语言能力的发展。

4.5　结语

本书采用扎根理论的研究范式,经过三级编码,明确了学习者使用【教师】【课程内容】【学习效果】【课程管理与交互】【技术与平台支持】这 5 个指标对外语在线课程进行质量评价。同时指出,课程质量评价要素与课程类型有关。对于语言基础和语言技能课程,学习者最重视【教师】;对于文学文化类课程,学习者关注【课程内容】;对于专门用途类课程,学习者提及【学习效果】较多,重视自己的获得感。

本书从学习者的视角出发,着眼于学习者的需求,发现了不同于已有研究的评价指标。【教师】和【课程内容】是学习者评价课程时最注重的指标,这个结论与王璐等(2017)已有研究的结果相似。而【学习效果】是已有研究没有充分提及的评价视角,是学习者对自身学习体验的评价。已有研究中有"教学效果"这个指标,主要是从教师视角出发,将教师观察到的学生的学习积极性、学生的反馈作为评价指标。本书利用学习者的直接评价,能够更直观地反映学习者的关注点和获得感。此外,在[教师的语言表达]这个二级指标中,已有研究中主要提及了教师的声音大小等因素,而本书采集到的评论则更多集中于教师的外语发音。可见,教师外语发音的准确性是外语课程独特的评价指标,反映出学习者对外语教师专业素质的要求。

本书深入探讨了不同类型的外语课程中,学习者对质量评价的关注点差异。研究发现,在构建外语在线课程时,应遵循"两性一度"的通用标准,同时充分考虑课程内容领域的特性。这一结论对外语在线课程的未来建设与运营有着重要的指导意义。本书的研究结果对在线外语教学有以下几方面的启示。

首先,本书明确指出教师是外语在线课程的核心竞争力,其教学能力和专业素质对于课程的质量至关重要。因此,应鼓励优秀的外语教师更多地参与到在线资源建设中,以提升课程的整体质量。其次,教学内容是在线课程的灵魂,其独特性和实用性直接影响课程的受欢迎程度。因此,需要根据不同类型课程的受众需求,提供丰富、优质的教学资源,以满足各类学习者的需求。再次,本书强调了外语课程交互社区的重要性。交互社区能够提供学习者之间以及学习者与教师之间的交流平台，对于提升学习效果具有重要作用。应根据实际需求适当提高交互环节的评分占比，并明确评价标准，设计有利于学习者知识建构的在线交互任务。本书第5章至第8章针对外语课程的交互社区，即基于讨论区的发帖、回帖的在线交互进行深入的分析。最后，针对慕课平台，本书提出要提高外语课程的适应性，开发能够进行声音交互的功能模块，以增强学习者的参与性和互动性，提升学习体验。

本书展示了学习者对外语在线课程质量的认识，为今后外语在线课程建设提供了有益启示，但也存在两点不足：一是指标权重有可能会受到所调查课程以及当下学习者需求的影响，因此后续研究要增加课程类型和数量，寻求更加具有普遍性的评价指标。二是评价指标体系尚未在外语课程教学实践中展开应用，今后在课程建设和评价过程中应导入指标体系，以便进一步提高课程质量和学习者的获得感。

第5章 慕课讨论区交互状况调查

本章以中国大学 MOOC 平台中"大学日语"课程为个案,采用定量分析法和问卷调查法对课程讨论区交互现状和学习者交互意愿及交互方式进行了调研,并对如何提升交互质量进行了讨论。

5.1 研究背景

5.1.1 语言学习中的交互

在语言学习中,交互是指学习者通过与他人或环境进行语言交流和交互,提高自己的语言技能。在二语习得过程中,交互扮演着重要的角色,对学习者的语言习得产生积极影响。交互提供了实际的语言输入和输出机会,让学习者接触和运用目标语,从而提高语言运用能力。交互情境能够创造丰富的语境,让学习者在真实环境中使用语言。这有助于学习者理解词汇和语法真实的运用场景。交互促进了语言的实际沟通和交流,使学习者需要在实际情境中表达自己的意思。这种真实的交流要求学习者去选择合适的词汇、语法结构和表达方式,从而培养他们的语言技能。通过交互,学习者可能会犯一些语言错误。这些错误为教师或其他交流对象提供了纠正和反馈的机会,帮助学习者认识到自己的问题并进行修正。

在情感方面,交互可以创造积极的情感体验,增强学习者的动机。当学习者通过交互感受到与他人有效沟通的喜悦,他们更有可能保持学习的热情和积极性。经过有效的交互,学习者的语言技能逐渐提升,他们会更自信地运用目标语言,进一步推动学习进程。在文化认知方面,交互可以帮助学习者更好地理解语言与文化之间的关系,提高跨文化交际的能力。

交互在外语学习中起着至关重要的作用,它不仅是学习语言的一种手段,更是促进语言技能提高和语言应用能力发展的有效途径。它的作用不仅体现在语言学习方面,还对激发学习者兴趣,提高跨文化交际能力有帮助。

在线学习中的交互与传统学习模式中的交互存在一些差异。在线学习中的交互是在虚拟环境中进行的，学习者和教师通过互联网连接，不需要面对面的实际接触。在线学习的交互方式主要是在论坛和讨论区的发帖和回帖，学习者可以根据自己的时间和节奏选择参与交互，这在一定程度上增加了灵活性。同时，在线交互往往会被记录下来，学习者可以回顾交流内容。这有助于他们在需要时重新学习、理解和整理信息。

另外，在线学习中，学习者需要更多的自主性和自我管理能力，因为他们往往需要自己安排学习进度、参与讨论和完成任务，这有助于培养学习者的自律和责任感。其次，在线学习中，学习者主要通过键盘输入，用文字来表达自己的思想。因此，有效的语言表达能力变得尤为重要，要求学习者清楚地传达自己的观点。最后，在线学习中涵盖了各种学习者，包括不同年龄、背景、能力水平的人，这种多样性和包容性可以丰富交互的内容和角度。

以上叙述了在线交互可能的好处，但另一方面，在线学习也会给语言学习带来一定的阻碍：第一，线上学习缺乏即时反馈。在线学习外语时，学习者可能无法即时得到教师或其他学习者的反馈。这可能导致学习者在语法、发音或用词等方面形成错误的语言习惯。第二，减少了口语练习机会。在线学习通常依赖于书面文字、录音和视频课程。相比于面对面的课堂学习，口语练习的机会可能会大大减少。口语能力的培养需要大量的口语交流实践，而线上学习可能无法提供足够的机会。第三，线上学习缺乏真实语境。在线学习通常发生在虚拟环境中，虽然在线交互可以模拟一些情境，但无法完全代替真实的文化和社交环境。学习者可能错过在实际情境中学习语言和文化的机会，这就有可能限制学习者对语言的实际运用能力。第四，欠缺交流。在线交互无法提供与面对面交流时相同的身体语言、面部表情和直接互动，这会直接影响学习者的语言交流和理解能力。在线学习往往以自主学习为主，由于缺少面对面的监督和竞争环境，学习者可能没有足够的动力或机会参与交流。另外，线上学习中，可能会面临网络连接不稳定、语音或视频质量差等问题，这些都可能影响学习顺利进行，降低了学习效果。可见，虽然在线交互为语言学习提供了便利，但也存在一些不利因素，特别是在提供即时反馈和促进互动等方面受限。

5.1.2　有关在线学习交互的研究综述

自 2013 年起,中国慕课发展极为迅猛。2023 年与 2017 年相比,上线慕课数量由 3200 门增至 12500 门,增加近 3 倍;学习人数由 5500 万增至 2 亿多,增加了近2.7 倍;国家精品在线开放课程数量由 490 门增至 1291 门,增加了约 1.6 倍。目前,已有 1000 余所高校开设慕课,其中 200 余门优质慕课先后登陆美国、英国、法国、西班牙、韩国等国的著名课程平台①。但慕课的低有效参与度和高辍学率一直是建设者们面临的现实困境。张喜艳等(2016)指出慕课学习时空分离的特点,限制了社会性交互行为的发生与持续进行,降低了交互质量,引发学习者中断学习。慕课时空分离的局限性虽不可避免,但陈丽等(2006)表明有效的社会性交互可以促进学习者个性交互,缓解慕课学习者的孤独、无组织感,维持其学习动机,帮助其融入学习者群体,增加课程黏性。社会学习理论指出"学习过程本身就是一个交互的过程",学习者通过"个性交互"与"社会性交互"来实现知识的增长与情感的维系。交互质量与辍学率息息相关,交互相关研究的重要性也可窥见一斑。慕课的交互活动主要体现在讨论区中,该版块是研究慕课社会性交互的重要对象。

已有研究认为决定交互水平的因素包括多个方面,首先是交互的参与者,即教师和学习者在交互中的作用。陈丽(2004)基于一个远程培训的案例,采用交互分析模型对该案例讨论区的内容进行质量分析,发现学习者之间的交互程度差异较大,交互水平主要由核心参与者决定。李建生等(2013)通过对网络学习社区中教师发帖和回帖数量的分析,得出教师参与程度和时间限制对社会性交互的次数和内容有一定影响。邓小霞等(2016)发现在学习交互过程中学习者的主体地位强于教师的主体地位,教师在引导边缘位置的学习者参与交互方面的作用有待加强。

其次,完善奖励机制也有利于促进学习者的交互积极性。行为主义的观点认为,人的学习不只是在外部环境中作出反应、适应、调整,行为是可以塑造、可以改变的。钱小龙等(2017)通过分析、借鉴美国加州大学欧文分校慕课的商业模式,提出为了更加高效地发挥讨论区的作用,采用一定的激励手段来刺激客户参与讨论活动是非常必要的。如"宏观经济学的力量"课程便是通过两种手段来提高论坛交互参与度的,一是让客户知道最终考试的内容将直接来自讨论区,对于讨论区任何

① 具体信息见 http://www.moe.gov.cn/jyb_xwfb/s5147/201904/t20190411_377453.html。

的忽视都是一种冒险行为；二是将学习成绩与客户每天或每周发布的帖子和评论挂钩，并根据数量和质量赋予不同的分值。杨雪等(2017)提出社会的压力是促使成人开始学习的主要原因，在学习的过程中提供持续的推动力。因此可以利用学习者参与慕课的动机具有功利性这一特点，建立相应的激励制度，让学习者在学习过程中得到持续的动力。詹泽慧等(2020)更是通过数据直接指出，个体在线参与程度在学习者课程总评中所占的分值越大，学习者越倾向于积极参与到在线讨论中。目前，国内很多慕课平台进行了颁发课程证书、设置奖学金等评价机制鼓励学习者参与交互的有益尝试，也起到了一定成效。

最后是在线学习平台在交互中的作用。陈娟菲等(2019)指出中国大学MOOC平台在学生与学习资源交互方面相对较优，其不足在于学生与媒体界面的交互性。具体体现在平台的界面设计、排版布局杂乱，不够美观，学习者难以快速从中获取所需要的信息。导航重复烦琐、不够清晰。学习者是学习的主体，对慕课的探讨应该更多地从学习者的视角出发，倾听学习者的声音。郑勤华等(2016)通过发放调查问卷了解学习者的交互意愿，指出当下慕课平台交互功能不完善，学习者期待增设视频页面的讨论功能(即弹幕功能)。本团队发现，国内主要的14个慕课平台中，仅有7个平台(学堂在线、好大学在线、慕课中国、中国大学MOOC、网易云课堂、顶你学堂和学联网)支持学习者在观看视频时与其他学习者进行交流讨论。其中学堂在线、慕课中国、顶你学堂和学联网可以在视频页面上留言和其他观看者讨论，其余3个平台可以在视频页面留言，但无法在视频页面查看留言，而是需要去讨论区查看留言和讨论，这无疑无法达到边看视频边看留言且留言精准定位到视频相应位置的效果。在同步交互方面，方旭等(2016)指出，应建立如QQ群、微信群等多种形式的慕课虚拟社区和开展多种形式的答疑活动。徐彬等(2015)提出匹配学习伙伴功能，类似于社会网络中给用户推荐好友，为慕课学习者推荐合适水平的学习者一起学习，共同进步。

■ 5.2 研究设计

1. 研究对象

慕课的主要交互形式是在论坛中发帖和回帖，帖子数量、回帖时间和教师的交互投入是表征论坛交互状况的重要指标(孙洪涛 等,2016)。"大学日语"慕课在第一次授课过程中，讨论区(包括课堂交流区、老师答疑区、综合讨论区3个版块)的主题总数有1700个,回复或评论数量达到14000多个,参与讨论的人数达到3720人。其中回复或评论最多的是本课程的助教,达到700多次,其次是任课教师,300多次。前述孙洪涛等(2016)针对来自国内14个主要的慕课平台的622门课程的教学交互状况进行了调查研究。其中教育学课程的平均主题帖数最多,达到了596条。可见,本课程在主题数量、教师参与交互的程度方面,已经超过了现有慕课的平均水平。

本章以"大学日语"课程第二次和第三次授课期间讨论区的帖子作为研究对象。中国大学MOOC平台讨论区共设有综合讨论区、老师答疑区和课堂交流区3个基础版块,还可以根据教学团队的需要进行增减,例如"大学日语"课程增设了汇集往期高质量帖子的精华区,具体如图5-1所示。

图5-1　中国大学MOOC平台的讨论区

2. 研究课题

本章重点探讨以下两个问题:

(1)讨论区交互状况如何?

(2)学习者的交互方式和交互意识是什么?

针对第一个问题,研究团队收集"大学日语"课程第二次和第三次授课期间学习者的交互数据进行描述性分析;针对第二个问题采用问卷调查法,以参与第二次和第三次课程的学习者为调查对象,调查其交互方式和交互意识。

5.3 结果与讨论

5.3.1 讨论区交互状况

"大学日语"慕课第二次课程从 2018 年 9 月 10 日开始到 2018 年 11 月 21 日结束,选课总人数约 13 万人,共有 1000 多条讨论主题和约 1.6 万条讨论回复记录。第三次课程从 2019 年 3 月 4 日开始到 2019 年 5 月 24 日结束,选课总人数约 11 万人,共有近 700 条讨论主题和 1 万余条讨论回复记录。话题讨论的内容较广泛,具有较好的代表性。第二次和第三次课程讨论区发帖数量如表 5.1 所示。

表 5.1 "大学日语"第二次课程和第三次课程讨论区发帖数量

类别	第二次课程发帖数量			第三次课程发帖数量		
	主题帖	回复及评论	帖子总数	主题帖	回复及评论	帖子总数
教师	37	132	169	31	104	135
助教	1	363	364	6	1085	1091
学习者	1047	15780	16827	661	10164	10825

如表 5.1 所示,第二次和第三次课程讨论区学习者发布的主题帖总数较大,分别达到了 1047 条和 661 条。通过对第二次课程发帖总数排名的活跃用户列表的分析发现,发布过帖子的学习者一共有 6440 人。列表的第 2495 到第 6440 名,共计 3946 名学习者均只发布过 1 个帖子,且他们的帖子从未被点赞、回复、评论过。通过对第三次课程活跃用户列表的分析发现,发过帖的学习者总计 3720 人,列表的第 1647 到第 3720 名,共计 2074 名学习者均只发布过 1 个未被点赞或回复、评论的帖子。这说明,本课程学习者发帖人数较多,相应的讨论区帖子总数也多,但发帖超过 2 个的用户不超过半数,是持续发帖、回复、评论的少量活跃用户使得讨论区整体发帖回帖数量较多。这和已有研究的结果显示了同样的倾向。黄婷婷等 (2015)利用社会网络分析法分析中心度、密度等指标后发现,大部分学习者不能充分参加讨论和交流。本书发现,学习者交互行为虽然比较频繁,但是可以说,活跃用户贡献了大部分的交互行为。

接下来,我们看看第二次和第三次课程讨论区发帖的具体情况。表 5.2、表 5.3 所示为活跃用户列表前 10 名用户的发帖量。

表 5.2　第二次课程活跃用户列表及其发帖情况

昵称	主题帖数	回复数	评论数	发帖总数	被赞次数
Kouyin***（助教）	1	324	39	364	115
张**（教师）	37	106	26	169	513
946794***	2	93	51	146	27
茶枠**（助教）	1	105	22	128	76
mooc15216***	0	81	0	81	0
等一个人***	0	74	0	74	−1①
毕节广***	1	48	0	49	0
mooc15276***	0	37	0	37	0
StarDust***	14	15	14	43	4
Seeme3***	9	20	13	42	11

表 5.3　第三次课程活跃用户列表及其发帖情况

昵称	主题帖数	回复数	评论数	发帖总数	被赞次数
gmy1***（助教）	0	236	457	693	148
Kouyin***（助教）	6	204	188	398	242
张**（老师）	35	79	27	141	572
mooc45591***	0	120	16	136	54
晚归***	9	36	8	53	6
神***	13	5	30	48	2
韩孙***	0	43	0	43	0
mooc15286***	0	37	0	37	0
张兴***	0	32	0	32	5
BZC163090***	2	28	0	30	0

① "−1"在这里表示其发帖被"踩"一次。

依据表 5.2 和表 5.3 的数据，我们可以看出，两次课程发帖总数为前两名的用户均为教师或助教。在学习者发布的帖子中，主题帖数量占比相对较小，而回复数占比则较大。这些回复帖主要集中发布在讨论区的课堂交流区。该版块由教师发布课后讨论题，学习者据此回答问题，以此巩固所学，并进行互动讨论。在学习者发布主题帖后，通常由助教或教师进行回应。

对课堂交流区中的发帖情况进行具体分析，我们发现在第二次和第三次课程中，该版块的帖子数量分别为 8110 个和 8709 个。学习者在该版块就若干相同问题展开回答和讨论，并可查阅前人的发布内容。在此背景下，如第 3 章所述，部分学习者为了完成发帖要求，获得平时考核分数，选择直接复制粘贴前人的帖子。这表明，帖子数量的多寡并不直接反映交互质量，不能简单地以帖子数量作为衡量交互质量的依据。已有研究针对交互数量和交互质量（交互层次）的相关性进行分析，指出二者之间并不存在显著的相关性（郑勤华 等，2016）。在外语慕课中，也显示了同样的结果。

总之，本课程讨论区的帖子总数颇为庞大，远超孙洪涛等人（2016）针对我国 14 个主要慕课平台的 622 门课程得出的平均值。教师、助教以及积极参与互动的活跃用户共同为这一成果作出了重要贡献。然而，讨论区的庞大帖子数量并不意味着交互质量的相应提升，存在复制粘贴部分帖子或重复提问等现象。数量庞大的帖子反映了交互的频繁，部分学习者的交互行为虽然在解惑和分享学习资源等方面展现出积极作用，但也存在追求平时考核分数等消极因素。

5.3.2 学习者的交互方式和交互意识

5.3.1 节对讨论区的发帖和回帖情况进行了描述性统计分析，为进一步了解学习者的交互偏好和交互意识，本研究团队进行了问卷调查。团队采用问卷星制作问卷，分为基本信息、学习经历、满意度及意见等部分，以参与第二次和第三次课程的学习者为调查对象，期末考试结束后，通过公告、邮件及讨论区主题帖置顶的方式发布问卷链接及二维码。

调查共收集到 568 份有效问卷，其中包括第二次和第三次课程分别提交的 435 份和 133 份。参与者中男性 223 名，女性 345 名，年龄主要集中在 10 至 30 岁之间，主要为在校大学生和公司职员。问卷涉及 13 个关于交互方式和交互意识的题目，选项设计采用五分制。分析结果显示，学习者的交互意愿与实际交互行为存在不一致现象,如表 5.4 所示。比如,第(4)题"我觉得跟教师的交互有助于学习"的回答中,"完全同意"和"同意"的比例合计超过 78％。然而,第(2)题"在线学习过程中遇到疑问时会主动询问教师"的回答中,"完全同意"和"同意"的比例合计仅为40.59％。同样,第(5)题"我觉得跟同学的交互有助于学习"的回答中,"完全同意"和"同意"的比例合计超过 71％,但第(3)题"在线学习过程中遇到疑问时会主动询问同学"的回答中,"完全同意"和"同意"的比例合计仅占 32.16％。这一结果再次印证了 5.3.1 节的结论,即学习者虽充分认可交互的积极作用,但部分学习者在遇到疑问时并未主动发帖提问,交互积极性相对较弱。

表 5.4　交互方式和交互意识统计数据

题项	完全同意	同意	一般	不同意	完全不同意
(2)在线学习过程中遇到疑问时会主动询问教师	11.60％	28.99％	46.75％	10.90％	1.76％
(3)在线学习过程中遇到疑问时会主动询问同学	7.56％	24.60％	50.62％	15.29％	1.93％
(4)我觉得跟教师的交互有助于学习	26.01％	52.38％	20.21％	1.05％	0.35％
(5)我觉得跟同学的交互有助于学习	20.39％	51.32％	25.66％	1.58％	1.05％

此外,经过参与者对问卷中第(6)至(13)项内容回复的分析发现,学习者普遍认为教师和同学对自己发布的帖子给予回复、点赞以及评论等形式的鼓励对于保持其交互积极性具有重要意义。课程讨论区的活跃交互能够激发学习者的毅力,使其更有动力坚持下去。同时,有效的交互有助于维系学习者的学习兴趣。

在问卷的第五部分"对于课程的意见和建议"中一共设计了 3 个问答题,分别是:

(1)你觉得课程做得让你满意的地方是什么?

(2)你觉得课程让你不满的地方是什么?

(3)如果有可能,希望在后期开课增设的内容是什么?

在学习者对上述第(1)个问题的回答中搜集"讨论区"这个关键词,得到表 5.5中的 9 个答案文本。

表 5.5　学习者反馈的课程令人满意之处

编号	文本
36	老师在讨论区积极回应同学们的提问，也会分享学习经验，感觉帮助很大，很喜欢这课程！谢谢老师！
235	课程是循序渐进进行的，让没有基础的人可以学习感兴趣的外语，每章设置单元测试、课后作业，还设置讨论区供大家学习交流，希望可以一直办下去
376	讲解得十分通透，易接受，还会附有课后练习，讨论区也很好，很热闹
456	讨论区大家都很活跃呀
459	讲得很详细，讨论区氛围好，老师解答耐心，好
461	讨论区老师的回复较快
492	老师在讨论区的参与让人有收获
526	看讨论区，老师都会认真回复
566	授课老师很用心，讲解也很细致，虽然我并没有在讨论区积极发言，但是偶尔也会翻看，助教在讨论区的回复跟帖频率相对较高，说明还是很用心的，包括同学们在线学习发的帖子相对来说也表现出了认真的态度

从这些评论中可以看出，讨论区老师及助教及时回帖，积极参与，并且讲解细致，提高了师生间的交互质量，有利于学习资源的构建。可见，讨论区师生间高质量的交互可以营造良好的师生交流氛围，有助于维持学习者的学习动机。

同样在学习者对"你觉得课程让你不满的地方是什么？"的回答中筛选"讨论区"这个关键词，得到表 5.6 中的 7 个答案文本。

表 5.6　学习者反馈的课程令人不满之处

编号	文本
79	讨论区复制帖太多
102	不喜欢讨论区
296	虽然设有讨论区，我觉得很烦，那么多帖，很多还重复，还不如直接去百度
331	讨论区很多人对日语有偏见
419	讨论区的分数比重有点儿高
522	希望可以多发布一些 PDF 格式的练习，或者在讨论区提高练习题的数量
566	很大一部分的学生在论坛里面发言也只是为了拿到交互部分的加分，提出的问题包括回答的问题都非常不走心

依据表 5.6,可以看出,学习者反馈课程存在的问题主要集中在两个方面:首先,如 79 号所提到的"讨论区复制帖太多",以及 566 号所述的"很大一部分学生在论坛里面发言也只是为了拿到交互部分的加分",这说明讨论区内存在大量复制粘贴、重复提问等灌水帖,这类帖子同样可以获得过程性考核的分数。这种现象引发了认真发帖的学习者的不满,因此,需要对交互评价的标准进行完善。其次,如 522 号所述"在讨论区提高练习题的数量",当前讨论区内的讨论题和翻译作业数量有限,难以满足学习者的需求。针对这一问题,我们也需要对讨论区的作业布置进行调整,以满足学习者的学习需求。

在学习者对课程改进方面的回答中搜索"讨论区"这个关键词并未出现任何答案,改为检索"交流""交互"等与交互相关的关键词后,共获得 7 个答案文本。"如果技术支持,可以增加让学生以录音的方式进行交流和答题","可以开设一个同学们与老师们之间用日语语音交流的平台","视频交互"等答案显示,学习者并不满足于仅限于文字输入的讨论区交互,还希望平台嵌入更多的交互工具,如视频交互、语音交流等。郑勤华等(2016)认为在远程教学中建立一个有效的交流环境,提供满足学习者多样化交互需求的交互工具,是实现有效的师生交互和生生交互的重要前提。另外,从"实景交流区","开通微信或 QQ 讨论群,方便老师同学在线沟通交流"等答案可看出,学习者有实时交流需求,希望提高交互的效率、拓展交互的深度。

调查问卷的结果显示,尽管学习者具有参与交互的意愿,但他们主动发帖的次数相对较少,更倾向于在教师和助教的引导下参与讨论。学习者认为,教师和同学对他们的帖子的回复、点赞和评论等鼓励性行为有助于保持其交互的动力。同时,课程讨论的活跃交互给予学习者继续学习的动力,可以看出,有效的交互有助于维持他们的学习动机。最后,学习者对仅限于文字输入的讨论区交互并不满意,他们更期望通过视频交互、语音交流等多元化的实时交互工具来提升交互效率。

5.4　结语

本章以中国大学 MOOC 平台中"大学日语"课程为样本,运用描述分析法和问卷调查手段,对课程讨论区的交互状况、学习者的交互模式及交互意识进行了深入探讨。通过对课程后台讨论区数据的分析发现:第一,课程讨论区的帖子数量大,在主题数量、教师参与交互的程度方面，已经远远超过了现有慕课的平均水平。第二，交互质量参差不齐，发帖中包括复制粘贴型、重复提问型等灌水帖。第三，问卷调查结果显示，学习者对交互的积极作用予以充分肯定，但在遇到问题时，主动发帖者较少。学习者更倾向于学生提问、教师回答的交互模式。这与郑勤华等（2016）的研究结果相同，该研究显示学习者在学习过程中遇到问题时最想与别人交流，最想进行求助的对象是教师或助教（占被调查对象的 61.9%）。此外，本研究发现学习者期望能实现更接近传统课堂的实时交互，并希望有更丰富的交互工具以提高交互效率。

要想提高在线学习的交互质量，教师和助教要充分发挥引领作用。一方面，教师应提供多样化的教学内容，包括文字、图像、音频、视频等，以满足不同类型的学习者，提高他们的兴趣和参与度。戴朝晖等（2016）指出在直接影响学习动机的 5个因素中，学习资源与环境的权重最大。因此，慕课讨论区需要承担更多分享学习资源的任务，以满足学习者的需求并维持其学习动机。另一方面，教师应该提供定期的反馈和指导，帮助学习者了解自己的进展和问题。郑勤华等（2016）将"主动调查学习者的学习需求""参与课程答疑"和"主动和学生进行交流"三类师生交互行为归为以学生为中心的交互行为；"内容讲解"和"讲解作业中的难题"归为以教师为中心的交互行为，最后得出结论，更多的学习者认为，以学生为中心的师生交互内容对学习的促进作用更大。因此，教师应该主动贴近学习者的需求，对于学习者的疑问进行及时有效的反馈。另外，在条件允许的情况下，使用即时聊天、视频会议等工具，实现实时互动，提供更接近面对面交流的体验，增加语言输入和输出机会。

慕课平台应加强监督机制，杜绝复制粘贴型灌水帖。采用关键词词条对讨论区帖子进行分类，形成各个关键词的超链接并置于讨论区显眼处，有助于降低帖子的重复率。如果平台功能支持，助教配备充分，可以创建在线学习社区，学习者可以在其中交流、分享资源和互相支持，增强学习氛围和归属感。最后，帮助学习者培养良好的在线学习习惯也非常重要，例如设定学习目标、规划学习进度、及时参与讨论等。

另外，本研究的数据表明，在教师和助教的积极推动下，讨论区的发帖数量可以得到提升，如通过布置作业形式发布讨论帖，或提高参与讨论的成绩在总分中所占比例等方法，创设有利于提高互动帖子数量的评价标准。然而，发帖数量并不能代表高质量的互动,不能衡量在线交互质量的高低。在数量不能代表交互质量的情况下,有必要构建更为合理的评价修正量化模型,以更精确地评估交互效果。教师应在每期课程结束后,反思评价标准,不过分强调发帖数量,应更加关注对发帖质量的考核。因此,对交互评价方式进行改革势在必行,不能仅以帖子数量作为评价准则。第 6 章就是为了解决这一问题,在分析交互评价问题的基础上,提出交互活跃度量化模型的。

本章对讨论区交互状况的调查,只是从发帖数量的角度讨论了活跃用户,并未涉及对讨论区帖子内容的分析。第 7 章将进一步讨论慕课讨论区中能够引发积极交互行为的话题的特征。在第 8 章中,我们将运用社会网络分析的方法,探讨“活跃用户”在交互过程中的重要作用。

总之,在线教学需要采取适当的策略提高学习者的参与度、交互效果和语言习得效果。灵活运用不同的工具和方法,根据学习者的需要进行调整,能够创造出更丰富、互动和有效的在线学习体验。

第6章 慕课交互活跃度量化模型的构建及应用

交互在外语类在线学习中具有重要意义,对学习者的交互行为进行合理评价可以对其形成正向激励,有利于提高学习者的课程参与度。本章基于"大学日语"慕课实践,分析了交互评价中存在的问题,提出了交互活跃度量化模型,探讨了交互活跃度与学习效果(成绩)的关系。

■6.1 研究背景

6.1.1 在线课程的交互评价

外语学习中的交互也被称为"交互(interaction)",交互对外语习得有重要作用(Long,1983)。针对外语课堂中的交互研究成果颇丰,而对于外语在线学习中的交互的调查研究明显滞后(黄开胜 等,2017)。将外语学习搬到线上,教与学时空分离,交互的产生机制与实现路径与线下学习截然不同,比如,学习者提出问题不能立刻得到教师反馈,教师无法实时判断学习者对教学内容的掌握情况等,因此有必要对外语在线学习中的交互进行专门研究。

关于在线学习交互状况的调查显示,国内慕课总体交互水平偏低且严重不平衡(孙洪涛 等,2016);学习者虽然有强烈的交互意愿,但实际上大部分学习者没有充分融入课程的讨论与交流(黄婷婷 等,2015);交互的广度和深度不够(郑勤华 等,2016),导致论坛活动给学习带来的种种好处很容易因为学习者的消极体验未能体现(玛丽·索普 等,2014)。在线课程出现才仅仅数年,如何鼓励学习者积极进行在线交互、提高交互水平需要实践积累和不断探索。

激励学习者的交互意愿的一个方法就是建立健全评价体系,构建合理的交互行为评价机制。国内主要慕课平台上课程的交互评价主要依据学习者的发帖量。本研究基于"大学日语"慕课的建设实践,分析现有交互评价标准存在的问题,提出交互活跃度量化模型,旨在为在线课程的进一步完善提供依据和参考。

本章收集"大学日语"慕课第一轮授课的数据。该课程历时 11 周,包括"日语概论""发音""自我介绍"等 9 个单元。课程要求学习者观看视频、参加单元测验、讨论区讨论,最后参加期末考试。其中,讨论区为所有学习者提供线上交流的平台,发帖和回帖是交互的主要方式。该课程基本以学习者在论坛发帖和回帖的数量作为论坛交互评价的重要指标。

中国大学 MOOC 平台上的讨论区分为老师答疑区、课堂交流区、综合讨论区 3 个版块。在老师答疑区主要是学习者提出问题,教师(助教)进行在线回答。在课堂交流区一般是教师(助教)提出题目,学习者回帖回答或讨论,这两个版块都以师生交互为主。在综合讨论区则主要是学习者自由讨论,以生生交互为主。教师、助教和学习者在讨论区发的新帖被称为主题帖,对主题帖进行回帖称为回复,对于回复再进行回帖称为评论。课程运行模式如图 6-1 所示。

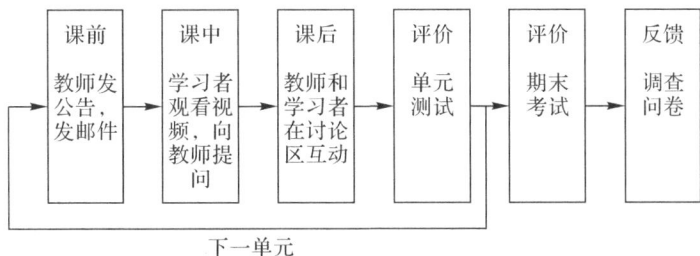

图 6-1　"大学日语"慕课运行示意图

有关在线交互的已有研究中,如张晓蕾等(2017)、赵映川(2018)都强调了教师对于改进在线学习交互质量的引导和调节作用。有鉴于此,本课程加大了教师答疑解惑的力度,讨论区比较活跃。本章中的数据来自中国大学 MOOC 平台提供的"大学日语"慕课数据统计。

郑勤华等(2016)对国内 14 个主要慕课平台共计 622 门在线课程的调查结果显示,讨论区超过 1000 条主题帖的课程只有 17 门,教师既发帖又回帖的占 36.2%,答疑时间间隔在 24 小时内的仅有 8.65%,仅有 10.1% 的课程回帖热度达到 2 级或 3 级。而本课程主题帖数超过 1000 条,回帖热度 2 级(平均主题回帖 7.28 条),基本做到 24 小时内对学习者进行回复。比较已有研究的数据可以发现,本课程在主题帖数、回帖热度和回帖时间间隔三个指标上都明显超过了国内现有慕课的平均水平。

从教师的参与度上来看，孙洪涛等（2016）的调查中，按学科分类，教育学课程主题帖最多，为 596 个，教师发主题帖数最多的为文学课程，有 15 条，教师在线答疑帖子数最多的为经济学课程，有 223 条。而"大学日语"慕课教师和助教共发主题帖数 26 个，回复/评论帖数 741 条，远远超出已有研究的数据。

对课程三个讨论区分别进行统计的结果如表 6.1，老师答疑区的交互最频繁，参与人数最多。

表 6.1　讨论区各版块数量统计表

区域	主题数	评论及回复数	参与总人次
老师答疑区	810	5081	3482
课堂交流区	9	4714	2948
综合讨论区	786	3160	1820

6.1.2　本课程评价标准及存在问题

对于这样大量的交互行为，笔者提出：现有的评价方法是否合理有效地反映了学习者的交互状况？

现有的评价方法是课程团队参考中国大学 MOOC 平台的规定以及平台上其他外语类课程的评价标准制定的。最终成绩计算方法是："单元测验占总成绩的 30%，期末考试占 50%，论坛表现占 20%"；"论坛表现按论坛活跃度算，要求发帖或回帖的数量超过 10 条。10 条及以上记满分，1 条记 10 分"。依据平台的规定，只有在课堂交流区发帖才被认定为有效得分的"论坛表现"，在其他两个讨论区则无效。"大学日语"慕课最终参加期末考试人数 1034 人，85 分及以上的有 121 人，成绩为"优秀"，60 分以上 85 分以下的有 565 人，成绩为"合格"。

学习者中有不少人拿到成绩后通过各种途径反馈："在论坛发帖很多，但是论坛表现这一项成绩很差，导致没有合格，或者没有达到优秀"。这些反馈引起了笔者的注意，故将现有评分标准下的成绩与实际交互状况进行了比对。

学习者实际交互状况参照平台提供的活跃用户列表，数据包括：主题帖数，回复数，评论数及被顶次数。其中参与总数是主题数、回复数和评论数的三项之和，不是独立变量。所以本研究中以除去参与总数的其他四项为衡量活跃度的主要指标。笔者将这些数据对照成绩观察时发现了问题。以成绩为"优秀"的 121 人为例,其"论坛表现"成绩最低 30 分,最高 100 分。其中 26 人只有课堂交流区的回复数、主题帖数、评论数和被顶次数均为零纪录,在老师答疑区和综合讨论区也没有交互记录。可以推测:这部分学习者在"论坛表现"中呈现的交互,属于"有效得分交互",即为了拿到"论坛表现"成绩而进行的交互,不是真正意义上自发进行的交互。另一方面,在活跃用户列表中排名靠前的一些学习者,有相当数量的主题帖、回复、评论和被顶,却因为这些交互不在课堂交流区,不属于"有效得分交互"导致"论坛表现"成绩不好甚至为零,影响了最终评定结果。这样低交互高得分被"高估",高交互低得分被"低估",都是不公平评价。通过将成绩列表①和活跃用户列表的合并比对,发现这样的"高估"和"低估"并非个案。进一步举例说明如下:

(1)"高估"案例

M②,成绩为:单元测验 212 分,期末 82 分,论坛表现 90 分,最终成绩 86.7 分,评定为"优秀"。具体交互状况为:主题 0 个,回复 9 条,评论 1 条,被顶 0 次。因回复的 9 条帖子均在课堂交流区,所以"论坛表现"为 90 分。追踪该学习者的交互行为发现:M 的回复和评论均发生在 5 月 25 日,即课程即将结束的时候,且仅有的 1 条评论的内容是对课堂交流区第一章讨论题的回答,推断可能因误点了"评论"而不是"回复",而未成为"有效得分交互"。继续关注该学习者主页可以发现,在其已修的另一门慕课信息中,也仅有 10 条"有效得分交互",且 10 条均在同一天,呈现明显刷分倾向。

(2)"低估"案例

H,成绩为:单元测验 210 分,期末考试 100 分,论坛表现 10 分,最终成绩 80.5 分,评定为"合格"。具体交互状况为:主题 7 个,回复 64 条,评论 23 条,被顶 36 次。因仅有 1 条回复属"有效得分交互",所以"论坛表现"为 10 分。追踪该学习者在论坛的交互行为发现:发帖和回帖均匀分布在慕课学习的各个时点,而非一日突击。内容上有对教师的提问、对其他学习者的提问回复,有学习体会分享,还有课程建议等。H 是教师主观评价下论坛表现非常好的学习者。

通过上述案例分析可知,现有评价体系中"论坛表现"仅依据课堂交流区的发帖次数是无法真实反映学习者交互情况的。对"论坛表现"的不合理评定,使论坛

---

① 本研究选取平台提供的成绩列表中的三项成绩,包括:单元测验(满分 224 分)、期末考试(满分 100 分)以及论坛表现(满分 100 分)。

② 为保护学习者个人信息,本研究中均不使用具体网络昵称,改用大写字母替代。

成绩作为考察指标缺乏合理性，无法起到鼓励学习者在线进行有效交互的作用，还可能导致学习者为了得分而进行被动性交互。甚至出现个别学习者明显刷分、回帖与问题设置完全不相关、复制其他学习者的回答进行回复的情况。这并不是慕课建设者期待的结果。基于上述分析，笔者进一步提出：这样的问题是否仅存在于本课程中？

■ 6.2　外语类慕课交互及交互评价现状

笔者对中国大学 MOOC 平台、学堂在线及智慧树平台上现有的外语类慕课进行了调查。笔者于 2020 年 10 月 29 日访问各平台发现，中国大学 MOOC 平台外语分类下有 96 门课程、学堂在线外语分类下有 68 门课程可以浏览，智慧树平台没有课程分类选项，笔者根据课程名称及介绍确定了 32 门外语课程，因此，共计 196 门课程成为本书的研究样本。

三个慕课平台在功能设置上有所不同。学堂在线支持精华笔记分享（WIKI），个别课程还提供了微信扫码加群。68 门课程中（其中自主模式 24 门，随堂模式 44 门），11 门课程讨论区完全空白，15 门课程讨论区仅有主题帖，且发布主题帖的多为教师（助教）。2 门课程中有学习者发帖称讨论区"好冷清"。既有主题帖又有回复的课程中，回复数小于 5 条的共有 21 门。只有 6 门课程有相对较多的交互，这 6 门课程有一个共同特点是：教师（助教）在讨论区的发帖和回帖都比较积极。68 门中只有 3 门课程将在线讨论纳入最终成绩评价。

智慧树平台的讨论区分为在线问答、交互论坛 2 个版块。32 门课程中，讨论区只有教师（助教）发帖提出讨论问题，没有任何回复的课程共计 20 门，占了多数。虽然有些课程公告中呼吁学习者参与在线讨论，但课程评价中交互讨论没有被作为考察指标。见面课是智慧树课程评价中不同于其他两个平台的功能服务。32 门课程中将见面课成绩作为评价指标的有 17 门，占了一半多。

相比而言，中国大学 MOOC 平台在功能设置上最有利于促进在线交互，不仅在讨论区设置 3 个版块，而且在课程评价上也倾向于将"论坛表现"计入最终成绩。在 96 门外语类慕课中，将"论坛表现"明确作为课程考查指标的有 71 门，占了全部课程的 74%。也就是说，将"论坛表现"纳入课程评价体系是被多数课程认可并实施的。

但是，现有课程中"论坛表现"的评价标准繁杂，随意性高。首先，各个课程的

"论坛表现"成绩占比差异悬殊。最低为 4%,最高为 50%,占比在 10% 到 20% 的共有 60 门。其次,在评价依据上也没有统一标准。大部分课程是根据发帖个数进行评定。有的课程允许学习者任选讨论题进行回帖,有些课程则要求每个单元必须有回帖,还有课程要求必须对所有问题回帖。在回帖次数上,有要求 3 个、5 个也有要求 10 个以上的。达到最低回帖次数即得满分的课程居多,有个别课程还要求回帖的最低字数。其中最大的问题在于:大部分课程都与"大学日语"慕课相同,"论坛表现"只看课堂交流区的回复数,交互活跃的老师答疑区并没有纳入评价,自由交互为主的综合讨论区也没有被计算进来。而算入"论坛表现"的课堂交流区的交互模式,一般多为教师(助教)设计题目,学生进行回复。与其说是交互,其实更近似于教师布置在线作业、学习者来完成的单向行为,不是真正意义上的自发主动的在线交互,违背了鼓励学习者自主交互的初衷。

综上所述,虽然外语慕课设有可供学习者交流的讨论区,但是总体来看,各个课程的交互状况不尽如人意,基于发帖数量评价交互的情况比较普遍。

为了能够更客观地评价学习者的在线交互状况,本研究基于中国大学 MOOC 平台提供的数据服务,提出交互活跃度量化模型。

6.3　交互活跃度量化模型的构建

在构建量化模型时,笔者主要基于以下几点因素考虑:第一,综合全面评价学习者在线交互的统一标准;第二,反映学习者交互的各个指标的影响力大小;第三,可操作性。对中国大学 MOOC 平台活跃用户列表提供的 4 个独立指标(主题数、回复数、评论数、被顶次数)进行一系列变换加权,使不同尺度、不同趋势的各种指标,通过归一化方法,形成一个范围统一、趋势相同且能够很好地反映交互程度的评价指标,本章称之为活跃度指数。

6.3.1　活跃度指数量化公式

活跃度指数的计算需要经过归一化和加权累加计算两个步骤。所谓归一化方法,是把数据按比例缩放,使之归到 $(0,1)$ 之间的小数,并且将有量纲的表达式变为无量纲的表达式。有量纲的表达式是指有单位的具体数值,即本文中发帖和回帖的个数。无量纲的表达式是指无单位的比值,即可以用来进行比较的 $(0,1)$ 之间的指数,反映的是评价指标。

这里将指标进行归一化处理,采用最大最小规范化方法:

$$P' = \frac{P - P_{\min}}{P_{\max} - P_{\min}} \qquad\qquad 公式(1)$$

其中,P 表示指标的真实值,$P_{\max}$ 和 $P_{\min}$ 分别表示指标样本中的最大值和最小值,P' 表示尺度变换后性能指标的值。经过尺度变换后,指标的目标值范围归一化为 $(0,1)$,并且为增函数。增函数是指原始数值越大,归一化后的比值越大,符合客观评价趋势。

设定指标 P_i 的权重值为 α_i,最后的加权变换公式如下:

$$\mathrm{Index} = \sum_{i=1}^{n} \alpha_i P'_i \qquad (其中 \sum_{i=1}^{n} \alpha_i = 1) \qquad 公式(2)$$

将公式(2)应用于"大学日语"慕课的数据,需要对四个交互指标设置权值。为了鼓励学习者主动发现问题、主动交流,促进学习者之间产生数量多、内容充实的交互,主要从以下几个方面考虑:第一,是否体现学习者自发主动性;第二,是否得到其他学习者的反馈与认同;第三,交互实现的难易程度。发布主题帖是学习者主动发现问题、阐述问题、寻找答案的一种自发的交互,能够有效促进师生交互和生生交互,是一种良好交互,因此应该被赋予较高的权值。回复和评论是对其他学习者或者教师进行的反馈。通过课程团队对本课程讨论区的主观观察,学习者发出评论不仅要关注主题,还要浏览对主题的回复才能进行,所以体现的交互主动性更高、难度更高、内容也较充实,整体数量上也比回复少些。比如:4 月 9 日,教师在老师答疑区发表主题"中国人姓氏的日语读法",共计得到 25 条回复,8 条评论。25 条回复均由学习者发表,其中"主题相关的建议"有 1 条,"认同和感谢"有 7 条、"提问"有 12 条,"相关学习内容的反馈"有 5 条。8 条评论中,除教师回答提问的 3 条以外,5 条来自学习者,1 条是建议,还有 4 条是主动答疑。评论需要学习者自发查找、整理相关资料,同时也体现了对其他学习者的关注,因此与回复相比,需要被赋予较高权值。被顶次数是其他学习者的反馈和认同,具有一定客观性。基于以上考虑,结合教师主观判断,在此将"大学日语"慕课的权值按照如下公式设定:

$\alpha_1 = 0.4 ; \alpha_2 = 0.1 ; \alpha_3 = 0.25 ; \alpha_4 = 0.25$

$$\mathrm{Index} = \alpha_1 A' + \alpha_2 B' + \alpha_3 C' + \alpha_4 D' \qquad (其中 \sum_{i=1}^{4} \alpha_i = 1) \qquad 公式(3)$$

(其中 A'、B'、C'、D' 分别为主题数、回复数、评论数和被顶次数归一化后的数值)

6.3.2　交互活跃度评价的合理性检验

本研究利用活跃度指数重新核算"大学日语"慕课成绩,并与该课程原有的学生成绩进行对比分析。

1. 基于交互活跃度的成绩核算结果

活跃用户列表显示:在讨论区有一次及以上交互行为的学习者共计 3598 人,参加期末考试 1034 人。因本研究需要既有考试成绩又有交互信息的学生数据,最后共计 810 名学习者成为研究样本。

计算研究样本的交互活跃度指数,按降序排列,共 10 组。按照"论坛表现占 20%"的标准再次核算得出最终成绩,为区别课程评定结果,将根据交互活跃度指数核算的成绩称为活跃度评定成绩。

将按照交互活跃度指数评定成绩与原课程评定成绩结果进行一一比对,结果 810 人中有 201 人的评定等级发生了变化。如图 6 - 2 所示,变化人数占总人数的 25%。而这仅仅是"论坛表现"占最终成绩 20% 评价标准下的结果。可以看出,原成绩评定结果和新的评定结果之间变动幅度大,涉及人员多,"论坛表现"的评价对课程评定结果的公平性产生重要影响。

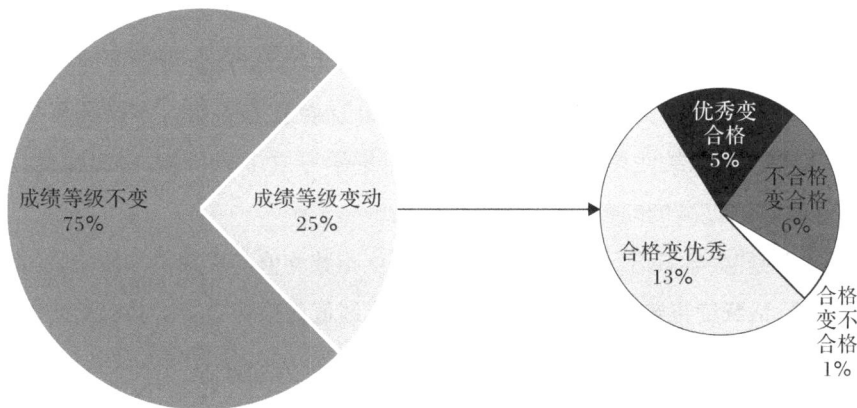

图 6 - 2　活跃度评定成绩等级变动示意图

2. 个案分析

观察 6.1.2 节中评定等级为"优秀"却只有"得分性交互"的 26 名学习者的成绩变化。结果显示:这些学习者"论坛表现"成绩大幅下降,平均下降了 7.8 分,最少下降 0.79 分，最多下降 11.04 分。活跃度评定等级有 16 人从"优秀"降为"合格"。

另外，将论坛参与数量多，但课程评定中论坛得分少于或等于 10 分的学习者抽出，这样的学习者在活跃总数排名前 50 名中共有 22 名，观察他们的成绩变化。结果显示：总体"论坛表现"成绩有了大幅的提高，平均提高 17.95 分，最多提高 19.76 分，最少提高 15 分。其中 15 名学习者从"合格"升为"优秀"，2 名从"不合格"升为"合格"。

6.1.2 节中被"高估"的 M 如按照活跃度指数来评定成绩，得分为 79.39 分，与原成绩相比下降了 7.31 分，评定等级从"优秀"降为"合格"；被"低估"的 H 如按活跃度指数评定成绩，得分为 96.13 分，与原成绩相比上升了 15.63 分，评定等级从"合格"升为"优秀"。

通过上述分析可以看出：利用交互活跃度量化模型评估"论坛表现"更合理，更符合学习者实际的交互状况，也使现有评价标准下被"高估"或"低估"的情况得到了改善。

6.4 交互活跃度与学习效果的关系检验

激励学习者进行大量的在线交互，归根到底是为了改善学习效果。田阳等（2017）以形成性评价（包括课程、作业、活动、满意度和反馈）作为学习效果评价指标，指出在线学习的社交行为对在线学习的效果有着显著影响。本研究以形成性评价（单元测试）、总结性评价（期末考试）为衡量学习效果的指标，提出研究问题：是否交互数量的提高能改善学习效果（成绩）？

图 6-3 是"大学日语"慕课中，学习者活跃度指数均值与成绩关系示意图。从整体走向上看，活跃度指数均值越高，成绩越高。成绩低的学习者，相对活跃度也低，反映出交互活跃度对学习效果是有正面影响的。越多的交互，越有利于改善学习效果，进一步证明了交互的重要性。可是经过测算，活跃度指数与期末考试成绩之间不存在相关性（$|r|=0.10<0.4$），与单元测试成绩也不存在相关性（$|r|=0.08<0.4$）。但是学习效果的提高不完全取决于交互的数量。完全不参加讨论区交互的学习者，在单元测试和期末考试中也可能取得好成绩。所以，提高慕课学习的有效性，不仅要提高交互的量，还要考虑提高交互的质，也就是说不能只看发帖数量，还要关注发帖的内容。

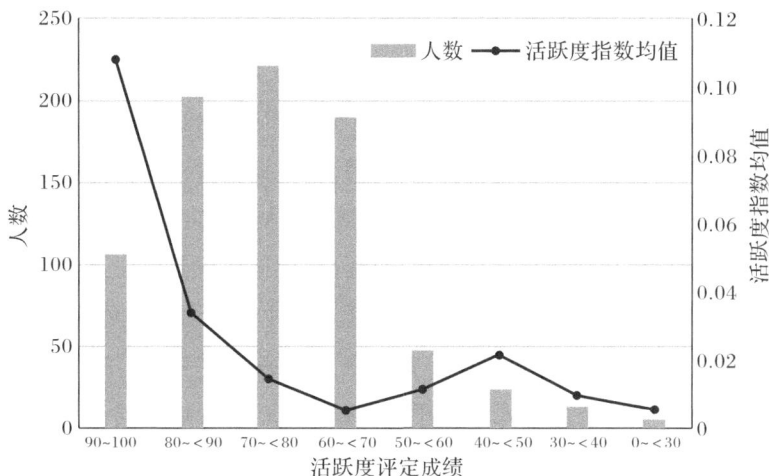

图 6-3　成绩与活跃度关系示意图

如何利用量化模型在鼓励交互的"量"的同时,形成对交互的"质"的激励? 这是下一步需要思考的问题。比如:教师可以将学习者发布的好的主题和回复置顶,或将好帖子设为精华帖,还可以采取打赏发帖人等措施。将置顶数、精华帖数以及打赏数量作为量化模型中的评价指标,就可以不断丰富交互活跃度计算公式的内容。反映学习者在线交互的指标越多,越有利于综合呈现交互现状。让交互评价能够"质""量"兼顾,进而鼓励学习者进行更高效的交互,以实现有效学习的最终目标。

6.5　结语

在线课程的交互评价一直是教育工作者关注的焦点,因为它既能反映学习者的参与程度,也能展示教学效果。然而,如何科学、合理地评价学习者的交互行为,从而更好地促进在线学习,成了一个亟待解决的问题。本文提出的交互活跃度量化模型,为解决这一问题提供了一个新的视角。

首先,该模型突破了以发帖和回帖数量作为评价标准的局限,转而关注学习者的实际参与程度。通过为不同类型的交互赋予不同权值,使得交互评价更加精细化,更能反映学习者的实际学习状况。这一创新性的评价方法,有助于激发学习者的积极性,提高在线课程的质量。

其次,交互活跃度量化模型具有很高的开放性。任课教师可以根据课程特点和个人需求,对模型中的各个指标及加权系数进行个性化设置。这种灵活性使得模型能够更好地适应各种类型的在线课程,提高评价的针对性和有效性。

最后,任课教师还可以通过抽样观察学习者的交互状况,进一步调整评价模型,使之更符合自身课程的需求。这种结合主观观察与量化模型的评价方式,既能保证评价的客观性,又能充分考虑教学实际情况,有助于提高评价的准确性。

总之,交互活跃度量化模型的提出,是在线课程评价体系建设的有益尝试。它为改善在线交互评价方式,提高学习者参与程度,促进在线教育发展提供了新的思路。未来,随着越来越多慕课教师和研究者开始关注和探索交互评价,这一模型有望进一步完善,为在线课程的评价提供更为全面、科学的参考。

今后计划将交互活跃度导入课程评价后,对比现有标准,探讨不同评价方式对于交互的实际影响,以及对学习效果的影响。

第7章 积极交互的特征分析

第5章通过对讨论区数据的分析,指出慕课讨论区帖子数量的多少并不能决定其质量的高低。第6章在通过具体案例深入分析交互评价问题之后,提出了交互活跃度的量化模型,旨在构建更加合理的、能够激发学习者积极性的评价方法。另外,第5章在调查讨论区交互状况时,仅从发帖数量的角度探讨了"活跃用户"的特征,而未涉及讨论区帖子内容的分析。因此,第7章对慕课讨论区中能激发积极交互行为的话题特征进行分析。本章基于社会文化理论,分析"大学日语"慕课讨论区中引发积极互动的话题特征及交互行为特征,尤其聚焦教师与学习者、学习者之间的交互特征。

■ 7.1 研究背景

7.1.1 语言学习的交互类型

自20世纪80年代以来,交互(原文献使用的术语是"互动")在语言学习领域一直备受关注(徐锦芬 等,2021)。Long首次提出了系统性的交互研究,他认为,在交互过程中,通过使用明确化要求、重复自己或对方的话语等会话策略,使得双方的输入和输出都能被理解,这一过程对二语习得至关重要。因此,他提出了互动假说(Long,1983)。从20世纪90年代开始,二语习得研究者开始探讨对话者(包括母语使用者、教师、学习者)对学习者的反馈,以及学习者根据对话者的反馈调整自己的输出等过程,是否能够直接推动二语习得的研究。

学习者通过教师提供的输入,可以知道目标语言是如何使用的。也就是说输入成为展示语言使用的正面例证(positive evidence)。与此相对,教师在纠正学习者的错误时,是告诉学习者其产出不符合目标语言的使用规则,所以教师的纠正反馈是反面例证(negative evidence)。

纠正反馈(反面例证)包括图7-1中展示的各种类型。

```
昨日はすしを食べました。おいしいでした。
① 違いますよ。「おいしかったです」ですね。        明确纠正法（explicit correction）
② え？なんですか。もう一度？。                    请求澄清法（clarification request）
③ 形容詞の過去形はどのように作るんでしたか。      元语言信息法
                                                     (metalinguistic feedback)
④ おいしいでした？                                重复法（repetition）
⑤ あ、そうですか。おいしかったですか。            重述法（recast）
```

图 7-1　纠正反馈的类型

　　明确纠正法（explicit correction，「明示的訂正」）①是明确指出学习者的错误，并予以纠正的方法。学习者说「おいしいでした」，形容词过去式变形错误，教师说「違います、『おいしかったです』ですね」（图 7.1 中的类型①）就属于这一类。请求澄清法（clarification request，「明確化要求」）是由于学习者发音不清楚等，教师要求学习者再次产出，采用「え？何ですか。もう一度？」（图 7.1 中的类型②）的方式促进学习者的自我订正。元语言信息法（metalinguistic feedback，「メタ言語的フィードバック」）是使用元语言提示学习者的错误，「形容詞の過去形はどのように作るんでしたか」（图 7.1 中的类型③）属于这一类。重复法（repetition，「繰り返し」）是像「おいしいでした？」（图 7.1 中的类型④）这样，重复学生的错误产出，让学习者自己注意到错误的方法。重述法（recast、「リキャスト」）②是像⑤「あ、そうですか。おいしかったですか。」这样，教师不打断交际的过程，不指出错误，而是直接给学习者提供正确的输入。

　　针对以上各种类型的反馈方法，有不少实证研究从反馈的频率、学习者对订正的认知度（是否注意到被订正）、是否有自我订正（学习者是否重新产出）、自我订正是否正确（学习者再次的产出是否正确）等角度，进行分析并测定反馈对习得的效果。这些实证研究的结果，由于目标语言项目、学习者水平的不同而各不相同。学者普遍认为，在交互过程中，激发了学习者的注意、认知比较、监控等一系列认知活动的反馈，能够促进学习者的二语习得（大関浩美，2010）。

7.1.2　社会文化理论

　　二语习得领域的理论大致可以分为认知派和社会派，前者注重学习者个人内

---

　　① 为了便于读者阅读外文文献时厘清术语之间的对应关系，中文术语后面的括号内分别加入术语的英语和日语。不同研究人员在术语使用上存在分歧，本书采用了较常用的术语。

　　② 订正反馈的中文术语翻译并不一致，例如 recast 也被翻译为"重铸"。本文采用了徐锦芬等（2010）的术语。

部的认知和心理层面,而后者认为语言是社会性交互的工具,通过社会性交互实现语言的学习。社会派最主要的代表理论是社会文化理论。

传统的二语习得研究关注习得个别语言单位或者句子加工方面的问题,而且研究通常脱离社会研究个体,而社会文化理论视角下的二语习得研究,基于社会文化背景,关注个体参与社会活动时的语言使用(秦丽莉 等,2015)。社会文化理论是关于个体认知发展的理论,以维果斯基的发展心理学为基础理论,是 20 世纪末以来备受关注的重要学习理论。该理论强调学习和知识建构的社会性,即学习发生在一定的社会情景中,知识不是被动接受而是在与他人的社会交互中能动建构的。

社会文化理论中有两个重要的概念,一个是"最近发展区"(zone of proximal development,简称 ZPD),另一个是"搭建脚手架"或称为"支架"(scaffolding)。维果斯基提出儿童认知发展有两种水平,一种是已经达到的发展水平,即儿童凭自己能力独立解决问题的水平。另一种是儿童可能达到的发展水平,即儿童还不能独立地完成任务,但在教师和能力较强的人的协助或引导下,能够解决问题完成任务的水平。这两种水平之间的距离,就是"最近发展区",他认为"最近发展区"是学习发生的潜在发展区域。能力较强者提供协助或引导的行为被比喻为"搭建支架"(也常被翻译为"脚手架")。在"最近发展区",通过他人搭建的"支架"("脚手架")可以做成的事情,以后便能一个人慢慢学会做成,个体的认知发展和成长就是这样一个由社会环境到个人内化的过程(Vygotsky,1978)。

从上面对"支架"功能的叙述,我们可以认识到交互在学习和个体认知发展中的重要作用。尽管维果斯基讨论的是儿童认知发展,不过很多研究者认为这一理论适用于其他类型的学习。维果斯基的"最近发展区"理论在教育领域产生了重要而广泛的影响,近些年,该理论也在二语习得研究和教学中越来越受到重视,从社会文化理论视角探讨二语习得中的交互行为也越来越受到学者的关注。例如,徐锦芬(2016)针对传统课堂中小组交互的对话,分别从提高参与度、提供词汇、提供观点、纠正错误表达、简化任务、维持既定目标和提供情感支持等 7 个方面分析和阐述了支架如何积极推动小组交互的有效开展。

文秋芳(2008)梳理了二语习得认知派和社会派的语言观、学习观、研究对象和研究方法的不同,指出可以遵循认知派理论,研究二语习得者的语能、记忆能力、实时加工注意力资源等,也可以遵循社会派的理论,分析交际者会话中学习与运用第二语言的具体事件，阐释交际者构建意义的过程。本章基于社会文化理论，讨论在线交互中支架的作用。

7.1.3 在线学习的交互行为

近年来，慕课的快速发展为外语教学带来了新的可能性和发展空间，与此同时，外语慕课中交互的研究引起学者广泛关注。如第 1 章所述，语言学习中，交互的作用不仅体现在语言学习方面，还对激发学习者兴趣，提高跨文化交际能力有帮助，因此，外语专业自身的学科特点要求学习过程中应该有更多的交互。但是，与课堂教学不同，慕课将教和学分离开来，师生交互和生生交互与传统意义上交互的形式、内涵完全不同，其主要表现形式为讨论区或者论坛中的发帖和回帖。在线学习外语在交互方面的缺点有以下几点：第一，线上学习缺乏即时反馈。第二，讨论区和论坛的发帖主要依靠文字输入，减少了口语练习机会。第三，线上学习缺乏真实语境。最后，在线学习往往以自主学习为主，学习者可能没有足够的动力或机会参与交流，导致学习过程缺乏交互和活力。所以，在教、学时空分离的慕课学习中，如何实现有效的交互，成为外语慕课建设的关键所在，也是本书研究的最重要课题之一。

国内针对在线课程的交互，进行了一些研究。例如，从交互数量上看，国内慕课的交互情况整体偏低且严重不均衡，有 20% 的课程发生了约 90% 的交互行为（孙洪涛 等，2016）。也有学者利用社会网络分析法分析中心度、密度等指标后发现，大部分学习者不能充分参加讨论和交流（黄婷婷，2015）。对于交互数量和交互质量（交互层次）的相关性研究来看，二者之间并不存在显著的相关性（郑勤华，2016）。本研究的分析结果也显示了同样的倾向。

关于交互行为和学习效果之间的关系，有研究表明学习者和学习媒介、教师和学习者以及学习者之间的广范围交互可提升学习成效（张晓蕾 等，2017），而且学习者的积极参与对完成课程的学习起着积极的作用（徐彬 等，2016）。也有研究指出，虽然目前教师的活跃度低、不能有效组织问题解答及交互行为的进行，但研究发现教师的积极参与能够促进交互的发生（孙洪涛 等，2016）。交互行为的参与度、资源共享、信任和认知会对学习效果产生直接影响（田阳 等，2017）。针对外语教学中的情况，有学者对英语会话技巧的慕课课程进行实证研究后发现，交互行为对英语学习产生了积极的效果（杨芳 等，2015）。

综上所述,目前的研究结果显示,在线课程的数量和质量都不能令人满意,但是高质量的交互会提升学习效果,这一点是毋庸置疑的,特别是教师的作用不可小视。因此,探究高质量交互的特征,对于今后的慕课建设,特别是讨论区、论坛等交互社区的建设有启发意义。目前以英语慕课为对象的研究逐渐增多,但是针对日语慕课的交互研究尚不多见。且针对日语慕课的交互内容逐条分析、探究其交互特征的研究尚显不足。

有鉴于此,本章从社会文化理论的视角出发,分析网络环境下的日语慕课中教师与学习者、学习者之间的交互特征及支架的作用,具体探讨以下两个问题:

(1)慕课讨论区中能够引发积极交互行为的话题特征是什么?

(2)积极交互行为中,教师和学习者之间的交互、学习者之间的交互内容特征分别是什么?

7.2　研究设计

7.2.1　研究对象

本研究的数据来自中国大学 MOOC 平台的"大学日语"慕课讨论区。慕课第一期授课的时间为 2018 年 3 月 19 日至 5 月 28 日,共 10 周,教授配套教材的第 1 至 8 课的内容。本课程的发帖、回帖数量较大,截至课程关闭日,该讨论区(包括课堂讨论区、老师答疑区、综合讨论区)的发帖数是 1700 个,回复/评论数超过 14000 条,参加人数达 3720 人。

在数据的处理上,剔除未引发交互的话题和引发的回复数少于 5 条的话题,剩余的话题共 253 个。本章以这 253 个话题及其引发的 4323 条回复帖作为研究对象,共计 4456 条交互记录。

7.2.2　研究方法

本研究通过以下方法分析数据:首先,参照杨芳等(2015)对英语慕课中基于话题出处对交互话题的分类方法,将讨论帖分为由教师或助教(以下统称为"教师")发起的"规定讨论"和由学习者发起的"自发讨论"。具体来说,"规定讨论"指所有学生围绕教师每单元设定的 2 或 3 个共同话题各抒己见,"自发讨论"指学生自主创设的话题所启动的讨论。其次,参照 Moore(1989),将交互行为分为三大类:①学习者－媒介间的交互(Student-Content,SC);②学习者－教师间的交互

(Student-Teacher,ST);③学习者之间的交互(Student-Student,SS)。实际的交互行为是教师和学习者交替进行,研究者人为地将其交互记录拆分为教师和学习者、学习者之间两方面进行分析,以便探究两种方式下各自的交互特征。最后,对交互方式的分类,参照前述 Long(1983)提出的意义协商的手段和徐锦芬(2016)对于自然课程中同伴支架类型的分类进行讨论。在数据展示中以 T 代表教师,S 代表学习者,不同的学习者以 S1、S2、S3 的顺序排列。

7.3 结果与讨论

7.3.1 交互话题的主题特征

1.规定讨论的话题的主题特征

规定讨论中包含章节讨论和章节外讨论,其中章节讨论是课程预先设定的环节,相当于课堂教学中的作业,除翻译练习外,设置讨论题鼓励学习者提出自己的见解并积极参与讨论。例如第 6 章讨论题为:

(1)看教材练习第 8 题(p62),写出三个句子。

(2)翻译:我家附近有超市、银行和医院等。

(3)学习知识窗后,利用网络调查日本的大学,说说日本哪所大学在自己的专业、学科方面实力比较强。

可以看出,规定讨论的话题主要目的是要求学习者复习、巩固课程内容及鼓励分享学习资源等,换言之,是以教学为目的引发交互。

对于章节外讨论的话题,如表 7.1 所示。

表 7.1 章节外的规定讨论话题数量统计表

序号	话题	回复数
1	答各位同学:问题汇总	18
2	关于课后练习的文字资料	29
3	关于前三课课后练习的补充	8
4	3 月 28 日问题汇总	19
5	4 月 2 日问题汇总	14
6	中国人姓氏的日语读法	25

续表

序号	话题	回复数
7	日本人的名字	59
8	在线日语声调辞典	6
9	期末考试重要通知！	28
10	edX 平台上的日语发音课程	5
11	大学日语期末问卷调查～让我们倾听你们的声音～	15

如表 7.1 显示，章节外讨论的话题主要为教师针对学习者提问频率较高问题的统一反馈和重要通知，另外如第 8 项和第 10 项的学习资源分享。可见，章节外讨论的话题是随着课程的推进教师自主提出的，仍然是以教学为出发点的交互话题。

2. 自发讨论的话题的主题特征

除规定讨论的 20 个话题外，剩余的 233 个均为引发积极交互的自发讨论话题，由于数量较大，笔者按照学习进程将其分为学习动力（37 个）、学习内容（83 个）、学习资源（64 个）、学习成果（17 个）以及平台功能相关内容（32 个）5 个方面。

（1）学习动力

在涉及学习动力的 37 个相关话题中，以具有代表性的话题为例，如"学习日语的初衷"，"自学日语的愿望"，"起步晚的应对策略"，"高龄学习者的数量"，"面对难度提升的应对措施"，"日语学习对英语的影响"，"历史问题对学习日语的影响"等。这些话题涵盖了学习日语的动机、起始时间、年龄、对英语的影响、历史背景对学习效果的影响等多个方面。

此类话题能够激发积极的互动交流，因为慕课学习通常需要学习者独自面对电脑或手机进行，这对自律性要求较高。在这种情况下，学习者容易半途而废或感到动力不足。通过在论坛平台上与其他学习者互动，寻求情感支持，有助于学习者顺利完成课程学习。

（2）学习内容

关于学习内容的讨论涵盖语法、发音以及日语书写等方面。据统计，发音相关问题的话题最多，约占 49%。发音是外语学习的基石，最终还需通过发声来实现交流目的。然而，慕课平台与课堂教学有所不同，教师在课堂上能面对面进行发音指导，而在慕课平台的技术限制下，学习者只能通过文字描述发音问题，回复者也仅能以文字形式解答如何正确发音。这也为慕课平台提出了新的要求，未来若能针对外语学习提供语音功能支持，有望对解决发音问题产生积极影响。

　　另外，笔者发现，关于五十音图的记忆方法的话题被重复提出了 17 次，按出现的时间顺序排列，如表 7.2 所示。

表 7.2　五十音图的记忆方法相关话题数据统计

序号	自发讨论话题	提出者 ID	提出时间	回复数
1	记不住日语和音标	H***	3 月 20 日	7
2	五十音图好难记啊，有方法吗？	逍***	3 月 20 日	23
3	方法：老师，请问有记忆五十音图的方法吗？	凌***	3 月 20 日	11
4	五十音图有什么比较好的记忆方法吗	寒***	3 月 20 日	18
5	如何快速记住假名	C***	3 月 20 日	8
6	哪个是同一段的	璇***	3 月 23 日	7
7	如何能记住平假名，片假名呀，感觉好难呀	金***	3 月 24 日	7
8	五十音图有点难背	Z***	3 月 25 日	10
9	谁有快速学会五十音图的办法啊？	杨***	3 月 25 日	8
10	片假名很难记	R***	3 月 25 日	7
11	五十音图的问题 五十音图要全部记下来吗？	绪***	4 月 1 日	11
12	关于假名的记忆	梅***	4 月 2 日	5
13	有没有好用的可以记五十音图的 App？求安利	W***	4 月 4 日	5
14	请问大家都是怎么记住五十音图的呀～	黄***	4 月 4 日	18
15	平常我们熟读的是平假名，片假名应该怎么记住	为***	4 月 13 日	7
16	如何有效的记忆五十音图	~ω~***	4 月 21 日	8
17	有关日语 50 音平片假名的记忆	U***	5 月 15 日	10

　　可以看出，该话题除最后两条记录外，均在课程开始的前三周内被反复提出，这与教授五十音图的课程时间（3 月 19 日至 4 月 9 日）相吻合。类似的情况也发生在关于日语输入法和配套教科书的话题上。讨论区已经存在相同的话题，为何还会出现同一问题的反复提问呢？这是由平台功能决定的。在慕课课程的教学视频的右上角有"向老师提问"的按钮，即在视频观看过程中，学习者出现疑问时，点击

该按钮可随时在讨论区中发帖提出问题。这就造成学习者在讨论区检索是否已经存在相同问题之前先发帖询问，从而引发重复的话题。另外，对之前未接触过日语的学习者来说，面临突如其来的五十音图的学习出现的紧张感和错乱感，也是造成重复发帖的原因之一。

对于语法相关的话题，按照回复帖条数多少排列出引发高频次交互的前 4 个话题（＞100 条）分别为"关于第二周测验"（215 条）"ではありません可以用ではないです代替吗?"（175 条）"日语中有问号吗?"（138 条）"日语里 1 日和每日的区别?是不是有时候可以通用?"（112 条）。其中，回复最多的"关于第二周测验"的话题，话题者由于失误没有明确表明对第 2 章测验中的哪个问题存在疑问，但仍然引发了高频次的交互，主要为话题转移（3.2.2 中具体讨论）。关于「ではありません」和「ではないです」的异同、日语里有无问号、1 日和每日的区别等话题引发的高频率交互，可见学习者普遍存在对于此类问题的疑问。

（3）学习资源

关于学习资源的话题，主要为对学习资源，如日剧、动漫、日语书籍等资源介绍的请求，例如"大家有什么好看的日语电影或者动漫推荐吗?"，"求推荐语法书"，"想请问除了买书以外，去哪里可以多收集一点语音可以听的练习?"。此外也有主动分享资源的话题者，如"我小结了几个比较容易弄混的片假名"，"给大家推荐个日语学习 App 吧～（自学日语必备 App）"。慕课因其开放性可以吸引各个类别、各个层级的学习者，各个学习者之间的学习能力、经验、社交等各方面的差异极大地丰富了学习者的层次，也为资源及知识的流通提供了可能。这点在学习资源相关的话题中体现得尤为明显。每个学习者能够接触或检索到的资源是有限的，而通过讨论区的发帖引发交互，获得学习同伴提供的资源，即享用同伴提供的支架，可谓是更便捷、更快速地获取资源的渠道。

（4）成绩评定和平台功能

与成绩评定相关的话题主要涉及课程成绩如何评定及对评定结果的疑问、证书的取得、日语能力考试等内容。而对平台操作相关话题的统计发现，除了对具体平台操作的问题外，更多的是对该慕课关闭后能否继续观看学习或对其后续课程的开放请求等，特别是其中"我很想知道以后这个日语课程会不会开到 N1 或者N2，毕竟慕课上有日语对我这个穷学生来说是天大的喜讯"的话题，可以看出，慕课的开放性性质对学习者的吸引力较大。

综上所述，能够引发积极交互的自发讨论的话题存在以下特点：较之规定讨论，话题的范围更宽泛，其涉及的内容除与课程内容相关的话题外，还包括学习动力、资源、平台操作等学习行为实施过程中的具体问题。而且，同一问题被反复提出的现象不同于课堂教学，平台操作中发帖的便利性是其原因之一。另外，话题大多为对学习方法、资源共享、课堂内容疑问的求助帖，但也不乏主动分享学习笔记、方法的学习者。

7.3.2 交互内容的主题特征

如前所述，参照 Long(1983)的交互假说中会话调整策略的分类，以及徐锦芬(2016)对于自然课程中同伴支架类型的分类，笔者将慕课交互方式分为修正、诱导、解释、重复、提供情感支持、话题转移，并从师生交互和生生交互两部分来分析。

1. 师生交互的主题内容特征

师生交互主要发生在规定讨论中，而课程中设置的规定讨论，并不都处在学习者的最近发展区内，此时教师的引导对学习者完成讨论作业起着关键作用。下面以第4章的章节规定讨论中的师生对话为主，以其他章节规定讨论和自发讨论中的师生对话为补充，探讨教师和学习者之间的交互行为特征。

（1）修正

例1

S:私は中国湖南省から来て、機械設計とその自動化専門を学びました。

T:私は中国湖南省から来ました。専門は機械設計とその自動化です。

教师对于学习者的回答给予直接修正，并以加粗字体的方式希望引起学习者注意。但对于教师的修正，学习者没有给予反馈，无法得知其是否已掌握该知识点。

例2

S:初めまして、おです。理学部、数学学科のです。どうぞよろしくお願いします。

T:初めまして、おう（王）です。理学部、数学学科の学生です。どうぞよろしくお願いします。

S:ありがとう

教师给出直接修正并画线提示,得到学习者的回应,回应内容是对教师的感谢。仅从学习者的回复来看,教师无法得知该学习者是否已注意到长短音的误用。

除了上述的教师给予修正的方式外,学习者在看到教师和其他学习者之间的交互后,可对其自身的知识掌握情况进行反思,从而引发自我修正。例如:

例 3

S:11 時ぐらいに寝ます。

S:啊 看了上面老师的解释,发现应该是 11 時ごろに寝ます。

(2)诱导

例 1

S:初(はじ)めまして、呉さんです。

T:介绍自己的时候,要加さん吗?

教师并未直接给出正确答案,而是提出问题,诱导学习者自己发现问题并改正,但并没有收到学习者的回复。下面为学习者反馈的例子。

例 2

S:はじぬまして。わたしはせきです。わたしはちゅうごくじんです。

T:初次见面,再确认一下吧。有一个假名写错了。

S:好的,はじめまして

教师给予诱导,并成功引导学习者找出错误并修正成功。

(3)解释

S1:6 時に家に帰ります。

S2:6 点回家那个介词是不是错了,应该是へ?

S1:老师说 Ni 和へ好像都行吧?

T:「に」和「へ」两个都可以

对于 S1 和 S2 两位学习者对于助词「に」和「へ」使用的疑问,教师给予明确的解释,促进学习者对该知识的掌握。由于在线交互中用户之间的交互记录都可以被保存且被浏览,从而促进学习者进行自我修正,积极构建各自的中介语体系。但在课堂教学中,以声音为载体的交互随着声音而消失,有可能不利于对其内容进行捕捉并修正。

但是,慕课平台的开放性也带来了一些负面影响,部分学习者复制粘贴其他学习者的回复内容。如下例中，S1 将 S2 的回复内容直接复制粘贴在自己名下提交，因此招来 S2 和教师的提醒：

例

S1：私の専門は体育ですので、ネットで調べったら……

S2：学习不能投机取巧啊，鼓励原创哇⊙∨⊙！

T：是啊，应该自己独立完成，并根据自己的具体情况做相应的调查。你也不看看原创作者是搞体育的，所以查阅了跟体育专业相关的信息。

以上例看出，学习者的产出有错误的时候，教师通过修正、解释等方式使学习者意识到自身语言产出的问题，从而激活了学习者的最近发展区，促进其语言的习得。当学习者出现了复制粘贴等不当行为时，教师兼有管理者的角色，维护交互平台的正常运行。那么，如果学习者产出的是正确解答，教师是如何反馈的呢？

（4）提供情感支持

例 1

S：はじめまして。私は刘です。会社員です。どうぞよろしくお願いします。

T：很好！！

例 2

S：私は化学が専門の学生です。……

T：第一句话是高水平的日语学习者才会说的，好自然的句子！点赞！

例 3

S：……9 時に洗濯します……

T：很不错！你确定早上 9 点是要洗衣服，不是梳洗打扮啊？

S：是梳洗打扮嘻嘻～

T：梳洗打扮不用「洗濯」。「洗濯」专指洗衣服、洗床单等等。梳洗打扮可以说得简单一点，说洗脸：「顔（かお）を洗（あら）います」

S：记住了，谢谢老师

例 4

S：私のスケシュール（この三連休のみ）：朝 6：00～9：00：寝る（笑）……

T：吕さんのこの三日間の生活がよくわかりました。幸せそうに過ごしていて、うらやましいですね! お友達も休み中にいろいろくつろいでいましたね!

S:まだ結婚していないので、親がいつも面倒を見てくれて、本当に申し訳ないです。言い訳になってしまうかもしれないが、体育の先生なので、普段の出勤日は本当に疲れます。ということで、三連休では、わがまま過ごしてしまいました。

T:言い訳じゃありませんね。体の疲れをとるのも大切です。わがままのできる間は、存分に思うままにしてね! この期間を過ぎたら、もうできませんからね。

从上述案例可知,在教学过程中,针对学习者的正确表达,教师予以肯定、赞许等情感支持。针对高水平学习者,教师则直接采用日语进行交流。对于日语语法正确但不符情理或者事实的表述,教师则引导学习者明确其欲传达的意义。通过鼓励措施,教师提升学习者在线学习的活跃度,维持其学习的兴趣,并促使学习者产生更多的语言输出,激发他们学习和表达更复杂内容的欲望。事实上,这种方法也有助于激活学习者的最近发展区。

而对于章节外的规定讨论,例如教师发布的"3月28日问题汇总",引发的学习者的交互基本为对教师的感谢,如"真的是太及时的解答啦! 感谢!"另外,学习者"就冲老师付出的时间和精力我们也应该认真学习啊"的回复说明教师对学习者的反馈具有积极意义,有助于激发学习者的学习动力和端正其学习态度。同时,在线交互中学习者对教师的用词相对轻松,会出现"嘻嘻"以及表情图等,这与课堂教学中面对面的交互有所不同。在线交互能够较为轻松地实现师生互动,一方面有助于增进教师与学习者之间的感情,另一方面有助于降低学习者的交互门槛。

通过以上实例的分析,可以总结出师生交互具备以下三个特点:第一,教师通过修正、诱导、解释以及提供情感支持的方式,激活学生的"最近发展区",引导并鼓励学生正确表达所需传达的内容,从而提升在线学习的实效性与满意度。第二,教师兼具管理者职责,除对语言问题予以反馈外,还需维护讨论区的良好秩序。第三,在线交互有助于降低学生的交互门槛,使交流语言更为轻松,进而增进教师与学生间的融洽关系。

2. 生生交互的主题内容特征

下面对学习者之间的交互特征进行探讨。

从"除了'手纸',你还知道什么和汉语意义不同的日语单词吗?"的学习者回复中，存在例如"我就知道 切手 是票的意思，你们懂这么多还来学习基础课，唉，叫我这个初学者情何以堪啊"，"感觉大家都知道好多都好厉害……""讨论区好精彩！学到了！"的回帖，可以看出在参加面向初学者的慕课的学习者之间，日语能力存在明显差异。这就导致部分学习者发挥了教师和助教的作用，对其他学习者进行修正、解释等反馈。以下是规定讨论下学习者之间的交互方式实例。

（1）修正

例1

S1：でわ、また：用于轻松、愉快地分别。那么，再见吧

S2：では　また，写错了

对于 S1 中的问题，S2 指出其错误并给出了修正结果。在教师无法及时给予反馈时，掌握该知识点的学习者会暂时担任教师的角色，给同伴提供学习支持。

学习者的交互也会引发自我修正，出现面向自己发话的现象，如：

例2

S：(3)个人觉得读起来抑扬顿挫，很有音律美。语言也是一门艺术。

S：刚刚又浏览了一下大家的答复，这里想补充修订一下第 3 题，声调……

（2）解释

例1

S1：第二题的翻译括号中的翻法是正确的吗，另外日语中表示方位的词类似于英语语法中的名词还是形容词?……

S2：第二题括号里的是正确的，只不过是强调スーパーや銀行や病院など，比如……

T：第二题的翻译，括号内的说法并不太好，还是前面写的更合适。因为……

学习者 S1 提出疑问，S2 给出自己的解释，之后教师也给出反馈。笔者发现学习者给出对词汇的修正案例较多，而给出语法解释的案例较少，这一结果和贾光茂（2009）的研究结论一致，他发现小组合作学习中，同伴的修正主要在于词汇方面，语法修正很少。说明在线交互中，生生互动的特点与面对面交互有共通之处。

（3）提供情感支持

例

S1：语音等时性：每个假名占一拍，音节有长短之分……

S2:学习学习!

S3:高手

S4:棒棒哒!

对于 S1 对规定讨论题的回答,S2、S3、S4 均给予赞赏和鼓励,认可了 S1 的学习成果,也增强了其继续学习的动力,体现了同伴之间的支架作用。

(4)话题转移

例

S1:个人感觉记音调和长短音有些麻烦……还有不清楚为什么有些词比如あおぞら、きたぐに、てばなす等等许多词的发音会浊化……

S2:为了读得通顺,省力,习惯就好

S1 在表达了对规定讨论题的观点后,转移话题提出词语发音浊音化的问题,引发 S2 的回复。

(5)重复

与师生间的交互不同,笔者发现学习者之间的交互存在着重复的方式。

例

S1:同时在学英语和日语的我也是醉了

S2:我也是

S3:我也是

对于 S1 的表述,S2 和 S3 以"我也是"的回复表达了认同感,对于那些独自面对电脑或手机进行学习的学习者,这种方式让他们明确地意识到自己并非孤军奋战。这种归属感有助于增强他们继续学习的信心,同时也展示了同伴之间的支持与协同作用。

也存在同一学习者重复发帖的情况,如用户名为"雪 * "的学习者在 5 月 14 日连续发送 5 条相同内容的回帖"语音部分的难点:听音乐时候有时候听不出促音来"可能学习者希望多发几遍,有利于教师和助教看到并回复。也说明学习者在讨论区提问、发帖等较为随意。

另外,同师生交互的情况类似,生生交互中也有复制粘贴现象。

例

S1:Canon 佳能，CASIO 卡西欧，EPSON 爱普生，NiKON 尼康，PanaSonic 松下，SANYO 三洋，SONY 索尼，SHARP 夏普

S2:Canon 佳能，CASIO 卡西欧，EPSON 爱普生，NiKON 尼康，PanaSonic 松下，SANYO 三洋，SONY 索尼，SHARP 夏普

不同于师生交互，该复制行为是 S2 在对 S1 回复时发生的。这样的案例仅存在一例，没有机会进行跟踪调查，无法得知学习者 S2 的意图。

（6）提供观点

该交互方式多见于自发讨论中，如：

例 1

发帖："有些日语和浙沪方言好像哦"

S1:有道理。日本文化从中国流传过去，也主要是从沿海地区联系交流……

S2:中国古代把中文发音传播到日本，发音一直延续至今。中国现在……日语是中国古代发音的活化石了。通过研究日语，可说从一定程度上还原中国古代发音吧。

S3:日语发音，跟中国地方的语言发音有很多相似的地方，不仅是所谓的吴语。还有陕西西安的语言习惯……就跟日语结尾的"deSu"差不多。

对于发帖人提出的日语和我国部分方言相似的学习感受，引发了各学习者对于日语和我国部分方言之间关系的广泛讨论。从同伴的分享中获得了来自不同视角的知识，丰富了学习体验，体现出同伴支架的作用。

在学习者分享各自观点的过程中，学习者之间也会出现意见相左的情况，从而引发争论。如对于学习者 S1 提出的话题"强烈希望建立学习群"，S2 对 S1 提出的建议的可行性进行质疑并罗列出理由，对此 S1 又进行了反驳，展开了激烈的争论。

例 2

S2:想法是好的，没什么可操作性。首先，谁来维护秩序？其次，每个人学习日语的时间不同，掌握的程度也不同……

S1:首先，谢谢你的意见。但这个想法也不是没有操作性。对于你说的问题，我都有考虑过。1. 我提出建群，是想着如果是由助教或者老师这边建群，比较有权威性。大家可能也比较认真对待。群的信息发布，大家也可以看到。2. 对于群的

维护方面,如果助教老师有时间精力的话,她们来主导维护。没有的话,也可以由有精力的同学来做......

S2:你觉得老师和助教,会有时间和精力吗?不说别的,就说元音行的假名,不到10分钟讲完。你觉得怎么样?明显她是没时间的,再说了,老师也是人,凭什么给你白干?全凭热情?

通过以上实例分析,可以将生生交互的内容特征总结为以下三点:

第一,生生交互方式的主题特征主要有解释、修正、提供情感支持、重复、话题转移和提供观点等,在没有及时得到教师的反馈时,已掌握该知识的学习者会暂时担当教师的角色提供支架。和师生交互相比较,学习者之间的交互会出现更多的话题转移的现象,并且在提供观点时易出现争论。

第二,学习者之间的用语也更随意和日常化,如"这样也可以吗,哈哈""像我,什么也没学好,照样学,总比什么都不去学强,加油!"同伴之间的鼓励、评价等满足了学习者的情感需求,对提高学习日语的自信心和动力起到积极作用。

第三,从广义上来说,各个学习者的发言都可以看作是置于集体活动中的自我发言,这种自我发言是建立在浏览其他学习者的发帖内容基础之上的,是属于无形中的交互。换言之,学习者在无形的交互中激活了自己和他人的"最近发展区",继而推动自我修正和自我反思,逐步实现二语及其延伸内容的习得。而在回帖中出现的"我也是""我也不明白"等的回复,说明遇到相同问题却不提问的学习者是存在的,他们在他人提出前并未意识到自身也存在相同的问题,但通过交互行为会激发对已学知识的重新审视和吸收,从而促进知识的内化。

7.4　结语

本研究旨在通过深入探讨"大学日语"慕课课程的讨论区交互记录,从社会文化理论视角分析引发积极交互的话题特征及交互行为特征。通过对讨论区的交互内容进行整理和分析,发现能够引发学习者积极交互的话题主要包括两类:一是教师发布的规定讨论,二是部分学习者自行发布的讨论。后者的数量占比更大,话题范围也更加广泛,涉及学习动力、学习资源、平台操作等多个方面。

在引发积极交互的内容特征方面,从师生交互和生生交互两个层面分析的结果显示,师生交互主要以教学为目的,教师通过修正、诱导、解释和提供情感支持等方式为学习者提供学习支架,激发他们的"最近发展区"。在这一过程中,教师主要扮演知识提供者和管理者角色。相较于课堂教学，慕课环境中的师生互动使用更为日常化的用语，有助于构建平等、和谐、轻松的交互环境。

生生交互则主要体现在学习者之间的相互支持与协作。他们通过修正、解释、提供情感支持、重复、话题转移和提供观点等方式为同伴提供学习支架，激活彼此的"最近发展区"。这种交互有助于降低学习者的焦虑感，提高学习的自信心。同时，生生交互还能够促进学习者之间的合作与互动，形成良好的学习氛围。

社会文化理论揭示了知识的建构过程，它并非一个被动接受的过程，而是在人际互动中主动生成的。以往的教育实践和研究大多强调教师反馈对于激发学习者的学习热情和兴趣的积极效果，本研究在证实前者基础上，更进一步揭示出，在学习过程中，特别是在孤独感较强的在线学习中，学习同伴的引导与协助亦具有至关重要的地位。情感支持得以在同伴间建立，满足了学习者的需求，他们不仅能获得更为丰富的支架支持，还能享有更丰富的交互体验，从而提升学习日语的自信心与动力。

因此，今后不仅要鼓励教师在教学过程中积极开展各类交互活动，设置相关讨论话题，激发学习者的学习兴趣和动力，鼓励和吸引更多的学习者积极参与其中。还要进一步探讨生生交互的特点，明确同伴之间的相互支持作用，尤其要关注在交互中起到引领作用的"活跃用户"。通过对生生交互的分析获得启发，优化教学策略，促进慕课课程中的积极交互，提高学习者的学习成效。后续第8章会通过社会网络分析的方法，采用可视化方法展示师生交互和生生交互的特征。

另外，在今后的研究中，可以进一步探讨不同话题特征对学习者交互行为的影响。此外，还可以从学习者的个体差异、课程类型等多方面进行深入分析，为提高慕课教学质量提供更多理论依据和实践参考。

第8章 慕课讨论区的社会网络分析

本章首先通过社会网络分析的方法讨论慕课讨论区中学习者的社会网络特征,然后通过分析不同授课轮次社会网络图特征的差异,讨论教师和助教的帖子回复对于社会网络图特征的影响。

8.1 研究背景

近年来,慕课迅速崛起,对高等教育模式产生巨大的冲击和深远的影响。随着慕课发展态势的放缓,如何提高学习者的学习效果成为包括慕课在内的在线课程进一步发展的重要课题。当前,在二语习得研究中,除了传统的认知视角外,把交互参与视为学习主体的社会视角备受关注。其次,根据情境主义的观点,学习并非与他人相隔绝的个人行为,而是要在环境中参与交互。

慕课不能让学习者面对面地、实时同步地进行交流,这是其天然属性带来的不足。针对这一不足,慕课引入在线论坛,即讨论区,构建学习社区,旨在促进师生、生生间的线上交互。慕课讨论区作为教师和学习者、学习者和学习者在线学习过程中的沟通媒介,扮演着师生之间、生生之间进行知识协作和情感交流的重要角色。在慕课教学环境下,虽然师生和生生间处于时空分离的状态,但是慕课讨论区可以为学习者提供交互交流的平台,有利于唤起学生对非面对面教学模式的积极感受,增强在线学习环境的参与性、合作性和启迪性(杨芳,2015),从而增强其学习的动机和意愿。

如第6章所述,社会文化理论认为,学习本身就是一个交互的过程,学习者通过交互来实现知识的增长与情感的维系。这里的交互包括学习者与学习内容、学习者与教师、学习者与学习者三种类型的交互(Moore,1989)。其中,学习者与学习内容的交互属于非社会交互,学习者与教师的交互和学习者与学习者的交互属于社会交互。同时,社会交互按其时效性分为同步交互和异步交互。目前,大部分慕课设计的教学交互活动主要集中在讨论区,而讨论区是异步交互发生的主要场所。通过慕课讨论区的交互实现有效交互、高质量交互是慕课学习中教师和学习者追求的要点，也是网络学习环境背景下的教学目标。

本章基于第 5 章至第 7 章的内容，从微观视角展示学习者在线交互的社会网络，以期提高学习者的交互积极性，最大程度发挥慕课讨论区的助学功能。

8.2　文献综述

8.2.1　交互研究

1. 学习者属性与交互

有研究指出，讨论区的交互形式单一，且无法实现实时交互，其效果取决于学习者的学习目的和交互欲望，无法保证全员参与（叶韦明 等，2019）。在线学习过程中，学习者是否有与教师和其他学习者进行交互的意愿呢？这个问题是设计交互活动的重要前提。不少学者从学习者属性的角度进行了研究，郑勤华等（2016）通过问卷调查得出结论，男性学习者比女性学习者的线上交互意愿更强烈；年龄分布在 21 至 25 岁的学习者交互意愿略高于其他年龄的学习者。刘三女牙等（2016）则以哈佛大学和麻省理工学院在 edX 平台上的课程学习数据为样本，对学习者学习行为进行差异性分析，得出结论：在性别方面，女生更加认真，在文科课程上的参与度更高，而男生更加自信，在理科课程上的参与度更高；在学历方面，学历越高论坛参与度越低；在年龄方面，年轻学习者社交属性更明显，而年长学习者更关注学习本身。性别、年龄、学历等学习者属性决定慕课参与度的研究结果带来的启示是，教师要及时进行学情分析，根据学习者的需求动态调整讨论区话题和任务设置。

交互的参与度与学习成效的关系也十分明显，杨上影等（2017）通过分析平台数据发现，讨论区的积极参与者多数是获得证书的学习者。具体来看，成绩优秀的学员全部参与了讨论，加上成绩合格的学员，获得证书的学员中共有 97.8% 参与了讨论。可以说，慕课中的社会交互促进了慕课学习者的社会性学习，改善了慕课学习效果。

2. 讨论区的交互内容

在交互内容方面，叶韦明等（2019）指出，线上学习社区的讨论内容、交互方式和态度情绪都对知识建构产生影响。任务导向的信息比社交导向的信息更容易促进知识建构中的信息分享；交互方式中的提问响应促进知识建构的信息分享。

张华(2017)探究了慕课内容与社会交互行为的关系。他通过研究慕课学习者在课程论坛中的伴生性传播行为(即社会交互行为)的数量、密度、社会网络密度，以及社会网络结构随着主体传播行为(即慕课学习)的推进所发生的变化，得出主体性传播和伴生性传播既相互独立又相互影响的结论。

其次，讨论区的问题设置很大程度上也影响着学习者的参与积极性。刘震(2019)提出学习者是带着个人知识库和认知经验进入交互论坛的，观点交换、思维碰撞和知识整合是交互论坛的应有之义，应该设计能够引导深度学习的多样化问题。马艳云(2017)应用符号交互理论分析发现，大学生对讨论区的问题不感兴趣是交互较少的主要原因。针对这一问题，她认为需要提高慕课授课教师的专业能力，精心选取学习者感兴趣的问题，增强学习者在讨论区交互交流的兴趣。具体来说，第一，教师应对学习者对哪些问题是感兴趣的有感知；第二，首先讨论简单的问题，然后讨论复杂的；第三，在枯燥的问题之间，增加一些有趣味的问题；第四，在学习者发帖后，教师应及时对发帖人的行为进行支持和鼓励，教师可立即回复。

郑勤华等(2016)将"主动调查学习者的学习需求""参与课程答疑"和"主动和学生进行交流"三类师生交互行为归为以学生为中心的交互行为；"内容讲解"和"讲解作业中的难题"归为以教师为中心的交互行为，得出结论，更多的学习者认为，以学生为中心的师生交互对学习的促进作用更大。

3. 讨论区交互行为中教师和学习者的参与

一般认为，在推动讨论区互动行为的过程中，教师(含助教)的参与至关重要，他们对学习者的引导包括解答他们在学习过程中遇到的问题，以及提供学习方法指导、提供学习资源等。方旭等(2016)通过向全国多所高校学生发放调查问卷并对结果进行统计分析发现，若学习者在论坛上提出的问题长期未能得到解决，其学习热情将受到影响。李建生等(2013)通过对网络学习社区中教师发帖和回帖数量的分析，得出教师参与程度和时间对社会性交互的交互次数和内容有一定影响。郑勤华等(2016)的研究结果也显示，学习者在学习过程中遇到问题时，最想进行求助的对象是教师或助教(占61.9%)。大量研究表明，主题讨论中如果缺乏教师反馈，会大大影响学习者的学习成效，并进一步导致辍学等现象发生。由此可见，教师参与讨论区交互成为弥补慕课讨论区功能局限性、改善学习者学习体验的重要突破口。但是，由于慕课的"大规模"特征，慕课讨论区往往会迅速累积大量的讨论帖,而慕课教师没有足够的精力去处理这些讨论,为学习者答疑解惑(吴林静 等,2021)。目前教师干预存在教学团队成员有限、教师论坛参与度低的问题(马武林等,2014),面对拥有数万学习者参与的课程,倡议提高教师在互动过程中的参与度欠缺实际的操作性。

那么,在线交互过程中,学习者就只能是依靠教师的被动参与者吗? 陈丽(2004)基于一个远程培训的案例,采用古纳瓦德纳提出的交互分析模型对该案例讨论区的内容进行质量分析,发现学习者之间的交互程度差异较大,交互水平主要由核心参与者决定。邓小霞等(2016)发现在学习交互过程中学习者的主体地位强于教师的主体地位。因此,在线学习中的学习者并不仅仅是依靠教师的被动参与者,而是具备主体地位的交互建构者。但是,目前针对学习者在交互过程中的作用开展的研究还十分有限。本研究将用户之间的互动关系可视化之后,针对教师和助教在参与交互、回答问题的时机和内容方面提出建议。

8.2.2　社会网络分析

社会网络指的是社会行动者(actor)及其之间关系的集合。社会网络分析(SNA,Social Network Analysis)就是对社会网络中行动者之间的关系进行量化研究,是社会网络理论中的一个具体工具。在线论坛的交互行为研究多采用定量分析的方式,其中社会网络分析方法较为常用(村上正行 等,2011)。

笔者在中国知网(CNKI)以"慕课异步社会交互"为主题检索文献,检索文献的时间跨度为 2013 年 1 月至 2021 年 8 月,文献来源设定为北大核心以及中文社会科学引文索引(CSSCI,含扩展版)来源期刊。为减少文献检索偏差,采用主题检索的方式收集文献。关键词采用两个字符串相结合的方式进行,字符串内容为(慕课+MOOCs+大规模在线开放课程)∗(社会交互+社会性交互+论坛+帖子+讨论区)。同时,为了保障研究的真实与可靠,根据标题和摘要对文献进行了筛选。在浏览和初步研读相关文献后,共保留 41 篇文献纳入分析范围。

表 8.1 对上述 41 篇文献按照研究方法类型进行了分类汇总。由表 8.1 可知,慕课社会交互研究最常采用的是社会网络分析方法和调查法。此外,还采用了比较研究、软件工程法等研究方法,为异步社会交互的研究提供了多种思路。

表 8-1　慕课异步社会交互研究方法相关文献数据统计

研究方法	篇数
社会网络分析法	8
社会网络分析法＋内容分析法	6
调查法	7
社会网络分析法＋调查法	8
数据分析法	6
比较研究法	5
软件工程法	1

　　其中,使用社会网络分析方法进行研究的文献有 22 篇之多,占到总文献数的一半以上。社会网络分析是慕课社会交互研究的一个重要视角,对此张华等(2017)从传播学的角度进行了剖析。当媒介生态向传播生态转移以后,个体成为更宏观生态系统中的主要力量之一,使用社会网络分析法进行分析顺理成章。在研究内容上,社会网络分析主要分为:①基于平台内的单维度数据进行统计分析,得到某个方面假设的验证;②通过多维度数据的比较分析,讨论论坛学习者学习行为与相关影响因素的关系;③对学习者行为进行建模,对学习者的学习行为进行分析和预测,例如,通过使用慕课学习数据进行退出率、完成率和学习效果的预测,以推动课程设置的改进;④构建课程论坛中的社会网络,对论坛数据进行定量分析,以提高对慕课社会属性和学习者态度行为的整体认知。在研究数据的选取上,绝大多数研究者选取了公开网络上的真实数据进行研究,少部分通过问卷调查方式获取样本。也就是说大多数研究者侧重对慕课平台进行研究,较少对作为信息接收者的学习者个体的学习行为进行研究。

　　具体来看,王慧敏(2019)以 cMOOC 微信群中学习者之间的交互为研究对象,运用社会网络分析法探究学习者的外部社会网络特征,发现网络中存在多个核心学习者,社会网络呈现"多中心"特征。邹儒楠等(2015)运用社会网络分析法,对以小木虫论坛为代表的数字时代非正式学术交流结构进行分析发现,交流过程呈现"多中心化",这有利于非正式学术交流中知识的传递和转移。本研究中也数次出现"活跃用户"的说法,基本类似于这些研究中的核心学习者的作用。

"大学日语"系列慕课的讨论区中，每一次开课都会有一些活跃的学习者，即"活跃用户"，他们积极回复其他学习者的留言，起到了类似教师或助教的作用，在讨论区交互行为的社会网络中呈现出"中心性"①特征。但随着教师和助教对于学习者留言的回复越来越及时和全面，这样的"活跃用户"越来越少，学习者之间的交互变少，讨论区似乎成为助教一个人的舞台。不可否认，设置管理者（即教师和助教）可以保证每条留言得到回复，提高帖子回复率，提供高质量的回答，但是管理者及时、专业的回复是否会在一定程度上抑制学习者参与交互的积极性呢？教师和助教的参与是否有较合适的时机？史慧姗（2017）通过采集分析中国大学 MOOC 网站自由讨论组中教师与学生的参与数据，发现对于答案唯一的讨论话题，教师的专业解答会抑制其他同学的参与。可见，讨论区中的"活跃用户"有利于构成"多中心"特征的交互方式，有可能改善在线学习的交互效果。那么，外语慕课中的讨论区是否形成了"多中心"特征的交互网络呢？教师或者助教等管理者以何种方式参加交互，会促进"多中心"特征社会网络的形成呢？针对这些问题，已有研究并没有得出一致的意见，还需要进一步探讨。

8.3　研究设计

在讨论区发帖是学习者和教师，以及学习者之间进行学习交流、资源共享的方式，对激发学生的参与感具有重要作用。讨论区的话题始终围绕课程内容，并且在管理员的引导下规范进行，所以从这个层面上看，慕课讨论区中的讨论可以看作在线教学活动的一部分，与没有目的的闲聊有本质差别。

本研究以"大学日语"慕课的讨论区为研究对象，这门课成绩的构成方式为单元测验占 30%，期末考试占 50%，论坛表现占 10%，互评占 10%（各个评价环节在每期开课时会有调整）。分数按百分制计，60 分以上为及格，80 分以上为优秀。其中，论坛表现是指在"课堂交流区"的回复情况，要求发帖或回帖的数量超过 10 个。

"大学日语"慕课设有 3 个讨论区，分别为课堂交流区、老师答疑区和综合讨论区。学员可在讨论区发表帖子，并获得主讲老师、助教及其他学习者的回复。本研

---

①　"中心性"是社会网络分析的重要概念，它表示个人或组织在社会网络中具有怎样的权力，居于怎样的地位，对于信息在整个网络中的传播及其传播效果有着怎样的影响等。

究以综合讨论区的帖子为研究对象,原因如下:在课堂交流区,教师发布各章节练习题,学员进行解答。鉴于该讨论区的特性,交互行为主要表现为教师与学员之间的互动,学习者之间的交流较少,因此研究价值相对较低。在老师答疑区,学生提问,教师解答。受平台设置所限,仅能收集到回帖人 ID 信息,无法获取发帖人 ID,研究条件受限。本研究旨在通过分析发帖人和回帖人之间的交互次数,探讨慕课讨论区学习者之间的社会网络关系,因此将研究对象锁定在综合讨论区。综合讨论区作为学员自由讨论的平台,帖子数量丰富,内容多样,学习者之间产生大量交互行为,能为本次研究提供所需数据。此外,为呈现数据变化趋势,并尽可能拉大时间差距,使数据变化量显著,研究选取了第一次、第三次和第五次授课期间的交互数据作为研究对象。

　　本研究旨在探究"大学日语"慕课讨论区各个开课轮次中学习者之间形成的社会网络图是否呈现"多中心"特征,并通过分析不同开课轮次社会网络图的"中心性"特征的差异,探索助教的帖子回复率对于讨论区社会网络图"中心性"特征的影响。

8.4　结果

8.4.1　"中心性"特征分析

　　"中心性"是社会网络分析的重要概念。要想分析中心性特征,需进行社会网络分析。社会网络分析一般按照以下步骤进行:①收集数据;②制作矩阵图;③绘制社会网络图;④分析社会网络图特征。

1. 数据收集

　　为爬取三次授课期间讨论区发帖人及其对应的回帖人的 ID,本研究以 PyCharm 为平台,以 Python 为程序语言,利用第三方库 Request、Urllib、Re 进行编程。为方便后续步骤中矩阵图的制作,利用 SET 命令消除重复 ID,生成无重复的 ID 列表,将每个 ID 间用","隔开,以"A,B,C,…"(A 为发帖人,B 为回帖人 1,C 为回帖人 2)的形式,保存为 txt 文档。

　　首先进行模拟网页登录。由于慕课网站有禁止爬取设置,若直接请求网页爬取,输出的 text 信息会报错,显示"抱歉,无法访问"的字眼。因此通过设置 headers 信息模拟网站登录的方法解决 requests 请求反爬的问题。中国大学 MOOC 登录页面网址为 https://www.icourse163.org/member/login.htm,打开此网址并使用浏览器中网页开发者工具,选择 Network,刷新网页,即出现一栏数据交互列表,点击列表中 Name 为“https://www.icourse163.org/member/login.htm? returnUrl=aHR0cHM6Ly93d3cuaWNvdXJzZTE2My5vcmcvaW5kZXguaHRt”的全链接,点击 headers,即可获取网页的 user-agent 信息。将其编写到代码中,如图 8-1 所示。

```
headers = {
    # 'cookie': 'EDUWEBDEVICE=c8d1e705c0d94b6bbcee48d4d89ac4db; __yadk_uid=gKfEx1Vr4K186504IDCjwNgNbIkQ0gvE; WM_TID=RYuFury
    'user-agent': 'Mozilla/5.0 (Windows NT 10.0; Win64; x64) AppleWebKit/537.36 (KHTML, like Gecko) Chrome/91.0.4472.124 Sa
}
```

图 8-1 添加 headers 信息代码

其次获取发帖人 ID。打开任意一条作为研究对象的帖子网页,通过浏览器网页开发者工具,点击 Network,点击列表中 Name 为“PostBean.getPostDetailById.dwr”的全链接,选择 Headers,观察 Request Payload 中的参数,根据规律可以发现“c0-param0”参数的值代表的是每一个人的 ID,“c0-param1”参数的值表示帖子的 ID,“c0-param2”参数的值表示帖子的页码,如图 8-2 所示。在编写程序中,通过改变“c0-param2”参数的值来变更页码,通过改变“c0-param1”参数的值来爬取该页码下的每一条帖子。

```
def get_name(pid):
    get_name_url = 'https://www.icourse163.org/dwr/call/plaincall/PostBean.getPostDetailById.dwr'
    data2 = {
        "callCount": "1",
        "scriptSessionId": "${scriptSessionId}190",
        "httpSessionId": "af1d7ce640234c4b8bf1475fdda30f5c",
        "c0-scriptName": "PostBean",
        "c0-methodName": "getPostDetailById",
        "c0-id": "0",
        "c0-param0": "number:%s" % pid,
        "batchId": "1625015354127",

    }
```

图 8-2 爬取发帖人 ID 代码

下一步需要获取帖子相对应的回帖人 ID。打开任意一条作为研究对象的帖子网页,通过浏览器网页开发者工具,点击 Network,点击列表中 Name 为“PostBean.getPaginationReplys.dwr”的全链接,此时 Response 中的数据就是这个帖子所对应的回帖的网址。接下来的操作与爬取发帖人 ID 方法同理,如图 8-3 所示。

```
data={
    "callCount": "1",
    "scriptSessionId": "${scriptSessionId}190",
    "httpSessionId": "b417a39b20dd4b399301e10935d4da58",
    "c0-scriptName": "PostBean",
    "c0-methodName": "getAllPostsPagination",
    "c0-id": "0",
    "c0-param0": "number:1002702014",
    "c0-param1": "string:1002873077",
    "c0-param2": "number:1",
    "c0-param3": "string:%s"%page,
    "c0-param4": "number:20",
    "c0-param5": "boolean:false",
    "c0-param6": "null:null",
    "batchId": "1639446361342",
}
```

图 8-3　爬取回帖人 ID 代码

最后是存储数据。为了方便后续矩阵图的制作,将各个 ID 之间用“,”分隔,每条帖子占一行,三次开课数据分别储存在 3 个 txt 文件中,如图 8-4 所示。

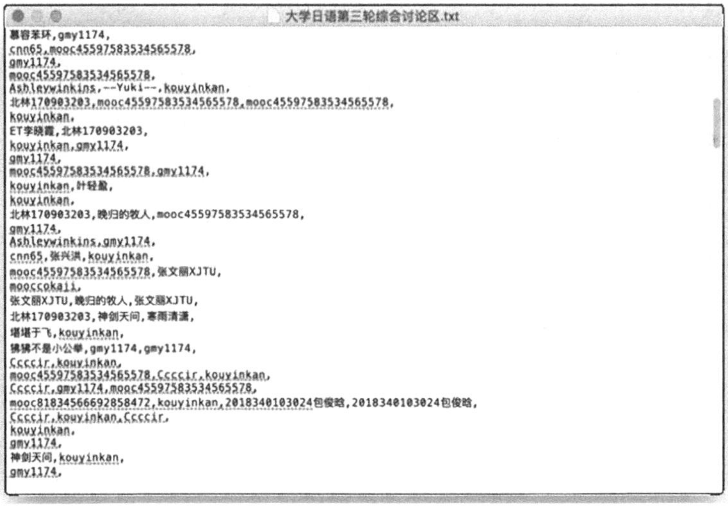
大学日语第三轮综合讨论区.txt

```
慕容苯环,gmy1174,
cnn65,mooc45597583534565578,
gmy1174,
mooc45597583534565578,
Ashleywinkins,--Yuki--,kouyinkan,
北林170903203,mooc45597583534565578,mooc45597583534565578,
kouyinkan,
ET李晓霞,北林170903203,
kouyinkan,gmy1174,
gmy1174,
mooc45597583534565578,gmy1174,
kouyinkan,叶轻盈,
kouyinkan,
北林170903203,晚归的牧人,mooc45597583534565578,
gmy1174,
Ashleywinkins,gmy1174,
cnn65,张兴洪,kouyinkan,
mooc45597583534565578,张文丽XJTU,
mooccokaii,
张文丽XJTU,晚归的牧人,张文丽XJTU,
北林170903203,神剑天问,寒雨清潇,
堪堪于飞,kouyinkan,
狒狒不是小公举,gmy1174,gmy1174,
Ccccir,kouyinkan,
mooc45597583534565578,Ccccir,kouyinkan,
Ccccir,gmy1174,mooc45597583534565578,
mooc81834566692858472,kouyinkan,2018340103024包俊晗,2018340103024包俊晗,
Ccccir,kouyinkan,Ccccir,
kouyinkan,
gmy1174,
神剑天问,kouyinkan,
gmy1174,
```

图 8-4　收集数据步骤生成 txt 文件截图①

① 图 8-4 和图 8-6 均以第 3 次开课数据为例。

2. 矩阵图

矩阵图法是从多维问题的事件中,找出成对的因素,排列成矩阵图,根据矩阵图来分析问题、确定关键点的方法。矩阵图的制作要求从问题事项中找出成对的因素群,分别排列成行和列,并标注其中行与列的相关性或相关程度大小。本研究所制作的矩阵中,行表示一次交互活动的发起者,即发帖人;列表示一次交互活动的接受者,即回帖人。矩阵内部的数值表示两个行动者之间的交互关系,数值大小表示在所有交互活动中,该列所指示的行动者一共回复或评论了该行所指示的行动者发出的帖子多少次。

Python 语言中的 NumPy 库可以实现处理文本生成关系矩阵的功能,同时我们将生成的关系矩阵以 CSV 格式文件进行存储。以第三次授课期间数据为例,制作关系矩阵的代码如图 8-5 所示。最终生成的 CSV 格式文件如图 8-6 所示,图 8-6 是第三次授课过程中学习者之间交互关系矩阵图文件的一部分,由于有 533 行和 533 列,所占篇幅过大,故在正文中未完整显示。

```python
def to_mysql(txt_name):
    f=open(txt_name,'r',encoding='utf-8')
    k=[]
    v=[]
    for i in f.readlines():
        i=i.replace('\n','')
        k.append(i.split(',')[0])
        v.append(','.join(i.replace('\n','').split(',')[1:]).replace('\n','')[:-1])
    try:
        cursor.execute('DROP TABLE a_163')
        db.commit()
    except:
        pass
    df=pd.DataFrame({'fatiecen':k,'huifucen':v})
    df.to_sql(name='a_163',con=conn,index=False)
```

图 8-5　制作矩阵图代码

	kouyinkan	gwy1174	Vio_芳芳	鸠鸠不二	芜菁龙	曾鲁之中	陈映孤寂	渡世之牛	王天奎	北林170903203,	张大丽XJTU	mooc86011218634387534	晚归的牧人	haiphe
kouyinkan	0	1	2	1	2	0	1	0	0	2	1	1	0	0
gwy1174	0	0	2	2	2	3	1	2	0	2	3	2	0	2
Vio_芳芳	6	4	0	2	4	3	1	2	2	2	2	2	1	0
鸠鸠不二	4	3	3	0	2	1	2	1	2	2	2	1	1	2
芜菁龙	4	5	2	3	0	1	3	2	1	1	1	2	2	1
曾鲁之中	5	4	1	1	1	0	2	2	2	1	1	3	3	2
陈映孤寂	3	2	2	2	2	1	0	3	2	3	2	1	0	1
渡世之牛	5	3	1	3	2	1	1	0	1	0	1	1	1	1
王天奎	6	2	2	1	1	3	2	2	0	2	1	1	0	1
北林170903203,	4	2	2	2	2	2	1	1	3	0	1	2	1	1
张大丽XJTU	2	3	1	2	2	2	1	1	1	0	0	2	1	1
mooc86011218634387534	2	1	1	1	2	2	3	2	1	1	2	0	0	0
晚归的牧人	1	1	2	1	3	1	3	1	2	0	0	2	0	0
haiphe	3	2	2	1	2	1	2	1	1	2	1	0	0	0

图 8-6　制作矩阵图步骤生成 CSV 格式文件截图

3. 社会网络图

将制作矩阵图步骤所生成的 3 个授课轮次的 CSV 格式文件分别导入 Gephi,即可生成如图 8 - 7、图 8 - 8、图 8 - 9 所示的社会网络图。通过分析行动者在社会网络中所处的位置关系,可推断出其在讨论区交互活动的活跃度。一般来说,靠近社会网络中心的学习者比距中心较远的学习者的参与度更高。从图 8 - 7 可以看出,第一次授课期间讨论区的网络规模十分庞大,出现了大量中心节点,即讨论区的核心人物或者称为"活跃用户",如 Masa ∗ 、吕巧云 09 ∗∗ 、sunlinh ∗∗ 、USTC123 ∗∗ 等,因此可以说第一次授课期间的社会网络图具有"多中心"特征。随着课程的推进,讨论区网络规模变小,对比图 8 - 7、图 8 - 8、图 8 - 9 可以明显看出网络中心节点数量变少。第三次授课期间仍有几位核心人物,如 Masa ∗ 、闹玩扣眼 ∗∗ 、电气 710 ∗∗∗ 2173 等人参与讨论,此时社会网络图仍具有"多中心"特征。而到第五次授课期间中心节点只剩下了主讲教师和助教,社会网络图"多中心"特征彻底消失。从第一次授课期间社会网络图"多中心"特征非常明显,到第三次授课期间该特征明显减弱,再到第五次授课期间该特征彻底消失,说明了随着慕课的多次开课,参与讨论区话题讨论的人数在减少,中心节点也就是整个社会网络的核心成员,即"活跃用户"在持续减少。

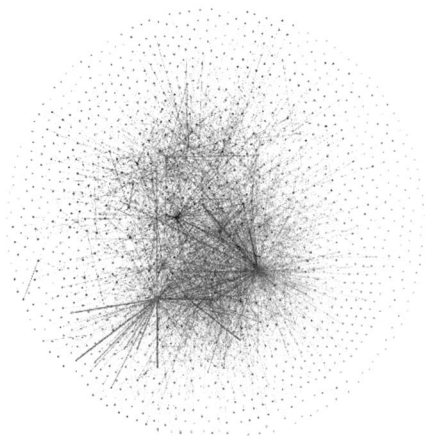

图 8 - 7　第一次授课期间社会网络图

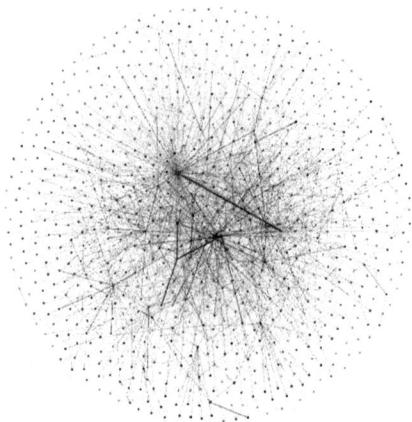

图 8 - 8　第三次授课期间社会网络图

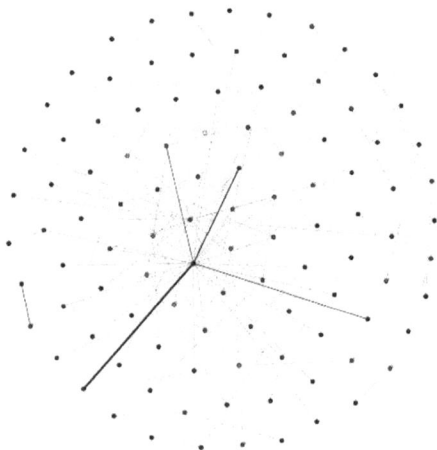

图 8 - 9　第五次授课期间社会网络图

8.4.2　社会网络"中心性"特征

利用 Gephi 软件的统计功能,可以得到社会网络图的中心性属性,包括度数中心性(degree centrality)、中介中心性(betweenness centrality)和接近中心性(closeness centrality)。三次授课期间社会网络图中主要节点的中心性属性值,分别如图 8 - 10、图 8 - 11、图 8 - 12 所示。

Label	Interval	度	加权度	Eccentricity	Closeness Centrality	Harmonic Closeness Centrality	Betweenness Centrality
kouyinkan		426	592.0	6.0	0.501526	0.59876	552007.365532
张文颜XJTU		149	248.0	6.0	0.417797	0.473146	121898.485811
Masao		126	146.0	5.0	0.395666	0.449358	99564.429264
吕巧云0911		110	135.0	6.0	0.421848	0.467782	88156.481546
sunlinhgk		90	117.0	6.0	0.397581	0.440016	86089.27079
USTC12345		79	93.0	6.0	0.371245	0.414841	44188.503421
闲玩扣眼珠子		72	85.0	6.0	0.39726	0.437063	75212.046122
Lingooo		60	80.0	6.0	0.333183	0.37016	14778.417269
电气710别一凡2173...		55	62.0	6.0	0.358806	0.394692	28895.60676
msuzyang		54	74.0	6.0	0.380989	0.419112	21632.806286

图 8-10　第一次授课期间社会网络图主要节点中心性属性值

Label	Interval	度	加权度	Eccentricity	Closeness Centrality	Harmonic Closeness Centrality	Betweenness Centrality
kouyinkan		198	249.0	5.0	0.458612	0.54901	178565.520735
吕巧云0911		74	90.0	5.0	0.408051	0.459062	43685.702257
Masao		69	76.0	5.0	0.380384	0.43438	43944.588643
闲玩扣眼珠子		48	58.0	6.0	0.377008	0.422795	29006.217785
电气710别一凡2173...		44	51.0	5.0	0.357229	0.398767	21151.759849
张文颜XJTU		40	46.0	5.0	0.342945	0.38238	17298.086181
Lingooo		37	55.0	5.0	0.33037	0.371039	9312.029692
ROYALTY95		34	55.0	5.0	0.376689	0.414443	22649.609375
片羽童		33	42.0	5.0	0.36423	0.402055	15709.672647
chousirius		30	35.0	6.0	0.318913	0.354111	18662.236466

图 8-11　第三次授课期间社会网络图主要节点中心性属性值

Label	Interval	度	加权度	Eccentricity	Closeness Centrality	Harmonic Closeness Centrality	Betweenness Centrality
周星964		25	33.0	5.0	0.451282	0.572159	2842.60641
张文颜XJTU		22	22.0	7.0	0.34375	0.475595	1219.666667
阿大~		14	14.0	6.0	0.352	0.441288	1257.0
唐润谱		7	7.0	7.0	0.327138	0.397538	418.384615
自然mooc163		6	6.0	7.0	0.325926	0.383739	220.226923
颜雨晶		6	6.0	7.0	0.294314	0.34908	452.233333
mooc83369149364...		6	6.0	6.0	0.368201	0.421402	336.297436
hnua-2014780102...		6	8.0	6.0	0.31769	0.371023	173.0
风之子芳		5	5.0	8.0	0.248588	0.293236	95.666667
热心网友刘快乐		5	5.0	7.0	0.30662	0.366126	107.5

图 8-12　第五次授课期间社会网络图主要节点中心性属性值

图 8-10 至图 8-12 中表格第二列均为度数,度数越高表示该节点度数中心性越强;第五列均为接近中心度,接近中心度越高表示该节点接近中心性越强;第七列均为中介中心度,中介中心度越高表示该节点中介中心性越强。比较三次授课期间主要节点的度数,可以看出第一次授课期间主要节点的度数普遍大于第三次授课期间,第三次授课期间主要节点的度数普遍大于第五次授课期间。三次授课期间主要节点的接近中心度、接近中心性和中介中心度、中介中心性也呈现出第一次授课大于第三次授课,第三次授课大于第五次授课的特征。由此得出结论:从第一次授课到第三次授课再到第五次授课,"大学日语"慕课社会网络图的"多中心"特征在不断减弱。这就意味着随着课程持续,在交互中起到重要作用的"活跃用户"越来越少。

8.4.3　教师回复与"中心性"特征

通过运用社会网络分析方法发现,随着慕课多次开设,讨论区的社会网络图"多中心"特征逐步消失,"中心性"特征持续减弱。这意味着参与讨论区话题讨论的人数逐渐减少,整个社会网络的核心成员也在减少,讨论区的学习者活跃度随之下降。那么,这种变化是否与教师(包括助教)在讨论区的参与频率有关呢?

笔者通过计算不同开课轮次中教师回复帖子数与总帖子数的比例,来分析教师在讨论区的参与情况。如表 8.2 所示,第一次授课、第三次授课、第五次授课期间的教师帖子回复率分别为 13.70%、13.94% 和 29.71%,呈现出逐渐上升的趋势。特别是第五次授课,教师回复率约 30%。考虑到有许多帖子并不需要教师和助教回复,这个比例可以说相当高。

表 8.2 三次授课期间教师帖子回复情况数据统计

开课轮次	教师回复帖子数	总帖子数	比例/%
第一次授课	619	4518	13.70
第三次授课	332	2381	13.94
第五次授课	41	138	29.71

结合本节得出的前两个结论,可以得出社会网络图中"多中心"特征与教师帖子回复率呈负相关的关系,即教师帖子回复率越高,社会网络图的"多中心"特征越不明显,"中心性"特征越弱。

对于这个结论需要考虑多方面的因素:首先,和前两次相比,第五次授课期间总帖子数只有 138 个,为第一次的 3%,第三次的约 6%,帖子总数的降低,可能导致交互的"活跃用户"的减少。其次,第五次授课的时间是 2020 年 6 月 1 日到 8 月 14 日,对于中国大学 MOOC 平台的主要用户群体在校大学生来说,这是进入期末考试和暑假的时期,因此订阅用户较少,进而发帖人数少,"活跃用户"减少。但是,是否会有一种可能性,教师频繁参与讨论区讨论会抑制学习者之间交互的积极性?下面我们结合已有研究的结论进一步讨论教师回帖的作用。

8.5 讨论

根据 8.4 节的数据分析,我们发现教师频繁参与讨论区的讨论可能会削弱学习者之间的互动积极性,这一结论与传统的认知存在一定的冲突。一般来说,相较于尚未熟悉、彼此了解不多的学习者,教师或助教更具亲切感。在教师参与回答的帖子中,学习者通常更乐于参与,并表达自己的观点,教师的回答往往更容易被学习者接受。然而,是否还存在这样一种可能性,出于对教师的信任,一旦教师给出标准答案,讨论往往就此结束,难以激发其他学习者的进一步互动。

在"大学日语"慕课的讨论区中,主讲老师(***XJTU)和助教(kouyink **、

**964)扮演着教师的角色,他们对学习者发表的帖子进行了一一点评,成为讨论区社会网络中最活跃、互动最频繁的核心参与者。如前所述,由于教师回答往往具有较高的权威性,可能导致讨论的终结。因此,在"大学日语"慕课三次授课过程中,教师帖子回复率的上升,有可能导致了讨论区活跃度的下降。

邹儒楠(2015)通过对比小木虫生命科学论坛中管理员(类似于慕课的助教)设置的课后讨论区中帖子的质量发现,这种"他组织"的存在有利于保证交流的持续和提升交流效果,是必不可少的。可见,完全没有教师参与讨论、协调管理的讨论区也是不可取的。那么问题可能在于教师参与讨论的"度"上,也可能与课程类型有关。

史慧姗等(2017)的研究表明,文科与理科课程在慕课讨论区的教师参与度对学生参与度的影响方面存在显著差异。在文科课程中,教师回帖情况下学生的回复数量明显高于无教师回帖的情况,说明教师参与有助于激发学生的回帖积极性。然而,在理科课程中,情况恰好相反,教师参与反而会抑制学生的回帖行为。

经过分析发现,这种差异可能与学生发帖的内容有关,比如,一些理科课程的帖子主要集中在专业题目上,且问题答案通常具有唯一性。在讨论过程中,一旦教师给出详尽准确的答案,鉴于教师的权威地位,其他学生往往不再参与讨论。在文科课程中,同样存在类似现象,教师对专业问题的解答会限制学生的参与。

在答案不唯一或学生基于兴趣提出的问题和话题中,部分教师的回帖内容仅停留在问题本身,未能引导学生进一步思考。这导致发帖者及其他学生在被动接受教师意见的同时,缺乏持续参与讨论的动力。也有部分教师回帖内容过于冗长,尽管详尽,但加剧了上述消极影响。

以"大学日语"课程为例,学生提出的问题往往有标准答案,类似于理科课程的情况。即使某些问题属于开放性的,但教师回帖过于冗长、全面,未能激发学习者的进一步讨论,从而导致帖子话题在教师回复后便趋于终结。

下面来举例说明一下。看一下标准答案的问题,例如:

发帖:

安 k1258 ＊＊＊＊(学习者):Hi all 请问『勉強します』是『勉強する』的ます形,二者在应用时有什么区别吗?

回帖:

＊＊964(助教):同学你好! ます形是敬语,する是简体,一般在对长辈、上司、不熟悉的人说话时用敬语,在对亲近的人说话的时候用简体。比如,老师问我"你

昨天做了什么"，我需要回答"昨日は日本語を勉強しました"。而如果是和同学聊天，我就可以说"昨日は日本語を勉強した"。（来自慕课第三次开课综合讨论区）

这条帖子是一个关于日语语法的问题，属于专业知识，其答案是唯一的，在助教作出专业解答后便没有学习者再回帖了。而在"大学日语"慕课第一次授课期间，一条同样有标准答案的帖子却收到了 4 条回帖。虽然助教没有参与讨论，但是学习者之间交流了不同的看法，其中不乏有趣的见解，活跃了讨论区气氛，最终也出现了正确答案。具体如下：

发帖：

匿名发表（学习者）：关于日语"何"的问题。日语的"何"有なに、なん两种，该如何区分？

回帖：

馨智＊＊（学习者）：老师有一节课里读的时候读了なに，好像是问什么地方还是什么东西来着，大部分都好像读的是なん。可能是多音字吧，写都写成"何"，读法嘛可能存在连读啊，省略啊什么的，毕竟人家日本人说话很快，都不大听得出来。

2176112837目＊＊＊＊74（学习者）：たなだ行以及需要表示数量含义的用なん，其余用以及强调方式用なに。

D白＊（学习者）：语感和该词的环境。

HFUT2016210344（学习者）："何"后所接助词开头是た、だ、な行，或者是接例如枚（まい）、回（かい）等数量词时，读なん。后接其他助词一般读なに。

（来自"大学日语"慕课第一次授课综合讨论区）

其次，虽然属于开放性问题，但是教师回帖冗长、过于全面、难以激发进一步讨论的帖子举例如下：

发帖：

mooc8336＊＊＊（学习者）：请问日语听力有什么平台可以练习呢？日本新闻的播讲，有什么类似于 VOA 和 BBC 这样比较官方的频道吗？

回帖：

＊＊964（助教）：同学你好！日本新闻类网站有 NHK、朝日新闻、日本产经新闻等，多听新闻并做跟读听写练习确实有助于听力水平的提高呢～另外还可以用日语试题 APP 来练习听力，我用的是 moji 这个 APP，其中有各等级（N1、N2……

N5)的听力真题,我觉得无论是应试还是提高日语能力都是很好的工具,推荐你可以试一下～我们熟知的 bilibili 网站、人人网上也有很多日语视频素材,可以用来磨耳朵～

　　(来自大学日语慕课第三次授课综合讨论区)

　　该帖子下仅有一位助教作出回应。助教的回答详尽且全面,虽解决了提问者的疑问,却未能鼓励其他学习者积极参与讨论;同时,助教的回复似乎仅针对提问者展开,未能有效引导其他学习者加入互动。

　　对于这两类帖子,笔者认为,助教在处理时应采取以下措施:首先,避免迅速回复,为其他学习者预留讨论的空间。其次,在回应开放性问题时,不应提供过于详尽的答案,而是在回答之后提出新的问题,以此激发学习者的参与热情,促进更为广泛的讨论和思考。以"有哪些日语听力训练平台"的帖子为例,助教在提及 bilibili 网站后,可以补充提问:"大家在 bilibili 上有哪些推荐的日语视频?"

8.6　结语

　　本章通过社会网络分析方法,将学习者在在线学习平台中的交互积极性变化趋势进行可视化呈现。同时,结合平台数据,计算出了教师在讨论区的帖子回复率,并发现这两者之间存在负相关关系。为进一步探究这一现象,对部分具有代表性的帖子内容进行了深度分析,发现教师频繁参与讨论区的讨论反而可能抑制学习者的讨论积极性。在对具有代表性的帖子内容进行分析后,发现讨论区交互的以下特点:首先,对于日语慕课中有标准答案的帖子,教师及时、专业的回复会抑制其他学习者参与讨论区讨论的积极性;其次,对于开放性问题的帖子,教师过于冗长、全面,或不能激发学习者进一步讨论的回复会抑制其他学习者参与讨论区讨论的积极性,从而导致这些帖子的讨论在教师作出积极回复后便终结。

　　教师频繁参与讨论区讨论有可能抑制学习者讨论积极性的原因可能有以下几点:首先,教师在讨论区占据主导地位,使得学习者在发表观点时容易受到教师的影响。这可能导致学习者对自己的想法和观点产生怀疑,从而降低他们参与讨论的积极性。其次,教师在讨论区过于积极地回复学习者的提问或评论,可能会使讨论区的氛围变得严肃,让学习者感到压力。在这种情况下,学习者可能会为了避免受到教师的评价而减少在讨论区的互动。最后,教师过度参与讨论可能会导致学习者觉得自己的观点不再被重视。在学习者看来,教师在讨论区的大量回复可能会让他们觉得自己的言论被淹没在教师的回复之中，从而降低他们在讨论区发表观点的意愿。

因此，关于教师在慕课讨论中的参与，我们提出以下两点建议：首先，教师与助教在回应问题时，应根据问题性质有所区别，针对可能引发更多学习者参与的讨论主题，可以适度为其他学习者预留讨论时间；其次，在面对开放性问题时，应避免回复过于详尽，并在解答完毕后提出新的问题，以激发学习者积极参与交互，从而引发更为广泛的话题讨论和深度思考。

为了进一步剖析教师频繁参与讨论区讨论对学习者交互积极性的影响，今后我们将尝试采用问卷调查和采访等方法，从学习者的角度深入了解这一现象。通过对学习者的需求和心理进行分析，期望为提高在线学习平台讨论区的交互积极性提供有针对性的建议，从而促进学习者的积极参与和深度学习。

第9章 基于慕课的混合式教学 实践报告

本章阐述"大学日语"SPOC 混合式教学的实施和成效,通过案例说明教学设计及具体实施过程。基于问卷和访谈,研究团队在学期初把握学情,在学期中了解学习状况,在学期末调查学生对混合式教学的评价和认知。

▌9.1 研究背景

2012 年以来,我国在线开放平台和课程爆发式增长,成为在线教育大国。如第 1 章所述,目前国内主要的慕课平台上的日语课程已经超过 100 门,主要集中在中国大学 MOOC、学堂在线、智慧树等几个平台,包括面向日语专业和非专业学生的综合课程,提高听、说、读、写、译等日语技能的课程,以及聚焦日本社会、文化、历史等相关知识的课程。但我国慕课建设过程中存在的主要问题是部分课程重建设轻应用,建设完成后并没有在教学中进行有效运用,违背了开放课程建设的初衷,不利于在线开放课程的可持续发展(覃军,2019)。

将线上资源和实体课堂相结合的混合式教学是一个解决方案。混合式教学一般是指将互联网和数字媒体技术与常规的面授教学相结合,在教与学的过程中汲取网络教学与面授教学各种优点的教学模式(于歆杰,2017)。混合式教学基于教师角度,将布置学生线上学习和组织学生课堂讨论及实践有效结合,其本质是教师、学生、学习资源的融合。在信息化环境中,课程教师提供以教学视频为主要形式的学习资源,学生在上课前完成对教学视频等学习资源的观看和学习,师生在课堂上一起完成作业答疑、协作探究和交互交流等活动,有利于实现真正的"以学生为中心的课堂"。

SPOC 是将慕课与课堂教学相结合的混合式教学手段,它既能充分发挥慕课的优势,又能有效地弥补慕课的短板与传统教学的不足(康叶钦,2014)。近年来,混合式教学模式成为教育技术领域的大趋势以及各校争相进行教学改革的热点。

从二语习得的角度来说,外语学习是一个输入到输出的过程,"输出驱动-输入促成"假设认为输出是语言习得的动力和目标,输入是完成产出任务的促成手段(文秋芳,2015)。学生要完成教师布置的产出任务,就需要认真学习输入材料,从中获得必要的帮助。在外语课程学时缩减的背景下，有限的课堂时间很难兼顾输入与输出。而开展基于慕课的混合式教学，可以使学生在课堂外得到输入帮助后，在课堂内得到输出训练。因此，可以设想，在外语课堂中进行混合式教学，有利于实现"输出驱动-输入促成"的外语习得过程，达到更好的学习效果。

针对英语课程混合式教学的研究较多，除了描述混合式教学设计及实践相关的论文以外，还有基于混合式教学的专题性论文。例如郑咏滟（2019）通过分析学生在学术写作意识上的变化，考察了混合式教学的促学效果；张欢瑞等（2019）讨论了混合式教学模式下学习者的学习策略；蒋艳等（2018）对大学英语 SPOC 教学模式下的学生、教师行为进行了分析。这些研究结果表明混合式教学模式适用于外语教学。也有研究指出，混合式教学有完全不同于线下课堂教学的特点，要想提高教学效果，教师应该激发学生的自主学习和交互学习能力，应采用符合 SPOC 特点的混合教学策略开展教学设计与实践（郑新民 等，2020）。

笔者所在的日语教学团队 2016 年开始建设针对非日语专业学生的"大学日语"慕课，并于 2018 年 3 月开始在智慧树、中国大学 MOOC 等在线教育平台上线。课程上线后，教师团队更新学习资料，回答讨论区问题等，投入精力进行课程运营和学习支持。同时，在本校的英语专业二外课程中开展了基于慕课的 SPOC 混合式教学。对于英语专业的学生来说，第二外语的学习是在英语学习经验基础之上的能力拓展，有利于学生开阔视野，丰富完善知识结构，提高跨文化能力。二外教学的主要课题和挑战是在整体学分学时缩减的背景下，如何丰富教学内容和教学手段，有效提高学生自主学习能力和学习效果。基于以上问题，笔者导入混合式教学，希望有效利用线上资源，有针对性地解决目前教学内容多、课时少的问题。

混合式教学分为线上教学和线下教学，线上部分主要通过观看教学视频完成知识的输入，引发学生主动学习和思考，促进学生自主学习能力的发展；线下部分主要通过课堂的应用和实践，完成知识的内化，促成学生的输出。

9.2 节说明混合式教学的设计和实践，包括线上教学、线下教学、评价设计。9.3 节分析问卷和访谈调查的结果，包括学情分析、学习评价、教学模式认知等。

本章主要讨论以下问题：

（1）如何设计混合式教学？

（2）学生如何认知和评价混合式教学模式？

（3）混合式教学中存在的主要问题是什么？

9.2　混合式教学实践

9.2.1　教学设计

团队所在学校的校本课程"大学日语"是日语公共课,包括非日语专业的所有二外、一外和日语辅修课程,授课对象涉及英语和法语专业学生、高考为日语的学生、辅修日语第二学位的学生,还有拔尖人才定制课程,层次涵盖本科生及研究生,开设历史悠久,涵盖面广。《大学日语课程教学指南》(2021 版)指出,大学日语课程是普通高等学校通识教育的一个重要组成部分,兼具工具性和人文性。目前本校的"大学日语"课程群包含面向英语、法语专业的"二外日语 1—3"系列课程,面向拔尖人才培养的在钱学森学院开设的"日语基础"定制课程,面向硕博生的"二外日语"研究生公共课程,面向外国语言文学专业研究生的"第二外语"高起点课程,以及大面积辅修课程"基础日语""中级日语"等。

本章介绍的"二外日语"是英语和法语专业学生的二外课程,属于公共基础类必修课程,共计 8 个学分,分三个学期授课,课程分别为"二外日语 1"(一周 2 课时)、"二外日语 2"(一周 4 课时)、"二外日语 3"(一周 2 课时)。二外课程的教学目标是提高学生的日语应用能力和自主学习能力,培养学生跨文化交际意识和能力。笔者从 2018 年春季学期开始导入混合式教学,目前已经完成了五轮教学[①]。以下就以第一轮第一学期的"二外日语 1"课程为例进行说明。该课程授课对象为英语专业一年级学生,共计 21 人,授课时间为 1—16 周,每周 2 课时。

笔者参考布卢姆的修订版教育目标分类,从较低层次到较高层次,按照记忆→理解→应用→分析→评价→创造,设计了如图 9-1 所示的混合式教学具体实施流程和评价方式。"记忆"和"理解"强调对知识的简单描述、记忆或复制,重在知识的学习和积累。学生通过线上课件的学习等,完成"记忆"、促成"理解";在输入的基础上,课堂上教师实施实践活动、提出任务,学生基于输出解决问题,达成"应用"和"分析"的目标,并可能进一步涉及"评价"及"创造"目标。线上和线下两部分有机结合,通过"输出驱动-输入促成",从知识学习转向解决问题,进而培养能力,努力实现从较低层次到较高层次的教育目标。

---

① 第一轮基于智慧树平台,第二轮及以后都基于中国大学 MOOC 平台。

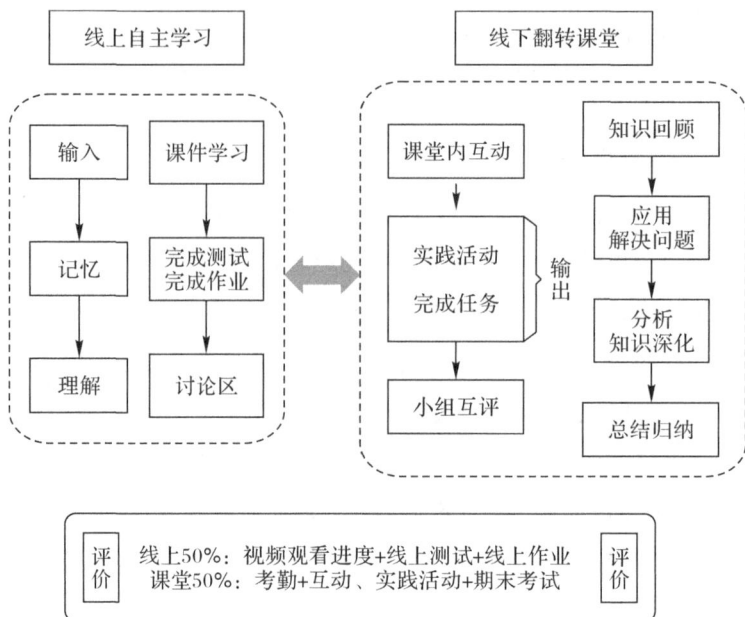

图 9-1　混合式教学实施内容及评价

9.2.2　线上自主学习

线上学习的重点是知识输入，学生通过自主学习获取语言知识。学生利用慕课学习新知识，在观看视频和文字材料的过程中，可以随时随地根据自身情况控制学习进度。

在传统课堂教学中，学生的预习依靠学习自主性，学习效果的个人差距较大。在课堂上，教学内容多，语言知识的讲授占据较多时间，学生输出机会较少。在混合式教学中，语言知识讲解移至 SPOC 平台，每课分为词汇、语法和句型、会话和短文、常用口语表达和知识窗等 4 个模块，学生可以根据各自的需求进行自主学习，也可以根据个人情况安排合适的进度。学生观看视频、完成小测试，在课前对知识点有了初步记忆和理解，达到预习和初步掌握语言知识的目的。

图 9-2 是平台展示的学生线上学习进度的监控页面。监控结果显示，为了完成线下课堂任务、参与课题讨论，学生基本能够积极主动进行线上学习。特别是面授课前一两天，学生线上学习比率较高。说明当学生面临线下课堂的压力时，在"输出驱动"下，能够自主观看视频、完成测试和作业，跟上课堂的进度。

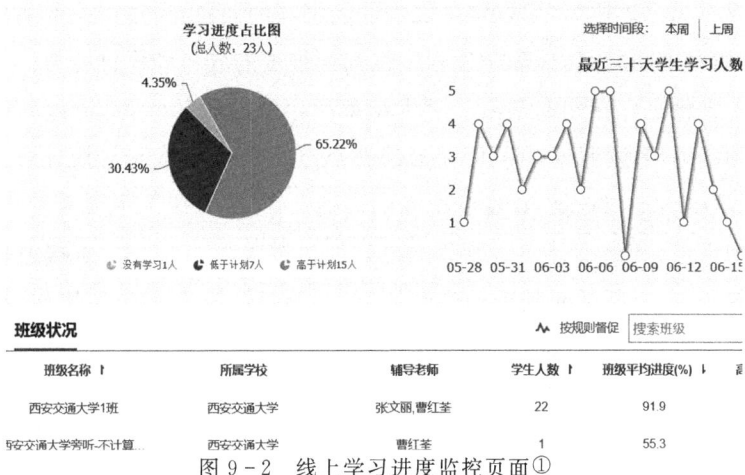

图 9-2　线上学习进度监控页面①

9.2.3　线下课堂教学

在学生已经进行线上学习的基础上,课堂教学围绕教学难点和重点,主要进行语言知识的反馈和实践,促进知识的应用和分析,引导学生对语言使用作出判断或思考。基本流程是:知识回顾→解决问题→知识深化→总结归纳。首先通过提问等交互形式答疑解惑,促进学生在讨论中协同学习,实现语言知识的反馈。其次通过练习来确认语言知识,一方面基于教材,有分组练习后演示、角色扮演等形式。另一方面设置场景、设计任务,学生通过参与任务,达到应用知识进行语言实践的目的。根据课堂面授情况,布置课后任务,进一步巩固知识点。下面通过两个案例来具体说明。

第一个案例是语音教学。线上学习内容主要是理解并模仿发音,认知假名并练习书写。学生在线上观看视频,进行模仿跟读。初级阶段学生练习发音时,一般需要教师对自己发音进行肯定或者纠正,但是平台并不支持音频的传送②,所以在线上学习阶段,学习者得不到有效反馈。因此在面授课堂上,需要有针对性地纠音、强化认读假名。例如,师生进行假名发音训练和听辨假名;学生协同学习,互相听音辨音;导入简单的日常会话,通过听辨和认读来熟悉假名及其发音,并开展一定的交际活动。同时关注学生在作业中出现的书写问题,在课堂上展示学生书写

---

① 由于存在改选课及旁听者,班级状况显示人数多于 21 人。

② 中国大学 MOOC 的 SPOC 平台不支持音频传送。2020 年春季学期,在 SPOC 平台的基础上,导入了本校线上学习平台"思源学堂",实现了音频传送和评价。

的不正确或不规范的假名,启发学生发现假名书写的问题,通过讨论假名和汉字的关联,总结假名书写特点,提高学生程序性知识维度的分析和评价能力。

第二个案例是存在句的学习。学生结束了语音阶段的学习,通过"自我介绍"学习了名词谓语句,对日语的词汇和语法特点有了基本的认知。教材第6课的主题是"参观学校",知识点是"存在和所在的表达"。学生在线上主要看教学视频,学习并理解知识点。课堂面授时,教师不再详细讲解单词、句型等,直接通过提问和讨论确认知识点,进行从简到难的实践练习,加强师生交互和学生协作,高频交互和实践帮助学生减少入门期的紧张和孤独,促进学生积极开口,参与交流。在此基础上利用校园地图布置实践任务"带你游校园"并分小组表演,进行教师讲评和学生互评。一系列的实践活动帮助学生有效完成了知识点的深化,促进了知识的应用和分析。最后,学生通过对比日语、汉语、英语各自存在句的异同,加深对知识的深化和分析,进一步认识语言的魅力。

可以说,正是因为有了线上学习打基础,教师才能利用有限的课内学时开展有效输出的课堂活动,帮助零起点的学生较快适应。能否顺利进行输出,取决于面授课前学生自主学习获得的"输入"。因此可以认为,"输入"促成了课堂活动的顺利进行。

9.2.4 评价

"二外日语"课程评价包含形成性评价和终结性评价,按照线上和线下分别评定。如表9.1所示,线上成绩包括考查学生线上学习情况、阶段性测验、作业,线下成绩包括考勤及小组活动、课堂表现以及期末考试,成绩占比由教师根据内容及教学要求分别设置。

表 9.1 混合式教学评价设计相关数据统计

考核类型	考核环节	比例/%	评价依据及内容
线上	课程资料自学	30	线上学习进度及章节测验
	作业	10	在论坛提交课后作业
	阶段性测验	10	客观题
线下	考勤及小组活动	5	小组活动的参与度
	课堂表现	10	交互、任务实践、产出表现
	期末考试	35	笔试,主客观题

线上成绩能够体现学生的详细学习过程,线下成绩能够对学生的任务完成情况和交互情况进行评价。线上线下相结合的评价方式更加客观全面地对学习过程进行了评价,并且促进学生合理安排线上学习进度,推进自主学习。

第一学期学生最终成绩如表 9.2 所示,整体成绩偏高,90 分以上的学生超过四成,但也有两名学生的成绩在 70 分以下。笔者认为,成绩偏高与评价方式中线上成绩占 50% 有关。线上学习自由度大,视频观看、访问情况等由网络后台自动计分,不排除有学生单纯刷视频并未学习的情况(访谈中有学生也表示有刷视频的情况),导致实际语言知识掌握程度因人而异,并未体现在线上成绩上。其实,线上自主学习虽然主要是看视频,但需要在看视频的基础上自主开展其他学习活动,例如记忆单词、熟悉句型、理解语法等,在此前提下才能保证面授课堂的练习、讨论等活动的顺利进行。胡杰辉等(2016)分析发现,影响外语翻转课堂教学有效性的首要因素是在线学习任务的促学效果,然后是课堂活动过程体验和促学效果,最后是线下学习和课堂活动的投入程度。因此笔者认为,教师需要根据教学实际情况调整线上成绩占比,保证内容细化、评价项目有针对性,同时通过面授课堂的任务要求倒逼线上学习,提高线上学习成效。面授课堂的这种反拨作用,也说明了混合式教学可以促进有效学习行为的发生。

表 9.2　学生最终成绩

分数段	人数	比例/%
0~59	0	0
60~69	2	9.52
70~79	3	14.28
80~89	6	28.57
90~100	10	47.62

线下期末笔试分别考察了词汇(40 分)、语法(20 分)、会话表达(15 分)、翻译(25 分)等知识点和语言技能,其中语法部分得分率较高,说明学生对语法知识点掌握较好。但是词汇得分率差距较大,说明学生在记忆单词方面的努力程度和效果有差异。会话表达部分的前三题是有具体内容的应答题,得分率较高,说明学生对课文内容把握较好;后两题是日常口语惯用表达,得分率较低,反映出学生在惯用表达的实际应用方面尚需努力。翻译题得分有明显差距,反映了语言知识应用水平的差异。线下的期末考试是学习结果的代表性评价,作为传统的评价方式发挥较大作用。

■9.3　调查结果分析

为了深入了解学生需求，把握学生学习行为，随时监控课程进展，对教和学进行有效评价，笔者在课前、期中和结课后分别对学生进行了问卷调查及访谈。调查开展详情在以下各节进行具体说明。

9.3.1　学情分析

课前调查的目的是掌握和分析教学对象基本情况。笔者主要调查了两个方面：一是学生的在线学习适应度和自我能力评价，二是学习动机和需求。调查形式为问答描述题和5分制评价题。以下通过整理分类学习者的描述性回答展示调查结果。

1.教学对象

关于学习者在线学习的经历，有15人在"军事理论""大学生心理健康"等通识课上体验过在线学习，达到总人数的70％以上。其对在线学习的感想是："方便自由""可重复""拓展视野""更多靠自觉""容易走神""缺少氛围"。有6人没有在线学习经历，但这些学习者中有一半表示愿意通过在线方式学习日语。

不论是否经历过在线学习，学生普遍对其优势和劣势有比较清楚的认识，认为在线学习有灵活、自由、方便等优势，关于劣势，有14人认为其最大的劣势是缺乏交互交流，8人认为效率不高或效果不佳，7人认为有疑问无法实时解决，6人认为缺乏监督和约束力。我们使用学生的描述性文字，根据词频制作了词云图①，如图9-3和图9-4所示。结合前述文字内容，我们可以捕捉学生对在线学习的基本认识。

图9-3　优势高频词云图　　　　　　图9-4　劣势高频词云图

---

①　使用调查中的描述性文本，利用集搜客 GooSeeker（https://www.gooseeker.com/）的分词检索平台，筛除个别与主题无关的词语后生成基于词频的词云图。

关于个人能力和兴趣的评价(5 分制)结果分别为:学生对日语课程的兴趣平均分为 3.81 分(标准差 0.91),接受新事物的能力平均分为 3.52 分(标准差 0.79),自我认知的能力平均分为 3.52 分(标准差 0.79),自主学习能力评价平均分为 3.33 分(标准差 0.71)。

综上,通过课前的适应度调查可知,学生对在线学习有经历或了解,适应度较高,自我评价中等偏上,较利于混合式教学的开展。

2.学习动机和需求

学习动机调查中询问了学生选择日语为第二外语的理由。对回答内容进行整理分类后得到图 9-5 的"学习动机"分布。其中选择"对日本这个国家或者日本文化感兴趣"的学生最多。日本文化涉及范围广、内容多,其传播和影响对学生的学习动机有较大影响。而"对日语语言本身感兴趣"这样的动机,反映了英语专业学生对语言学习的敏感和需求。"动漫或影视"是吸引学生选择日语作为二外的一个重要原因。另外也有学生表示是因为"觉得日语简单"或"容易拿学分"。图 9-6 展示了学生具体动机描述内容的高频词。

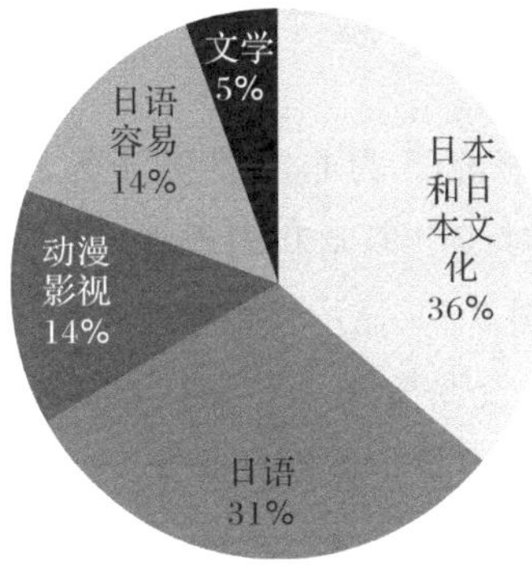

图 9-5　"学习动机"分布 　　　　图 9-6　"学习动机"高频词云图

关于学习二外课程希望达到的目标,对学生的回答内容整理分类后,得到图 9-7 的"学习需求"分布。希望使用日语和日本人进行沟通交流的需求最多,这和二外课程的教学目标相吻合,因此在课程中也要注重跨文化交际能力的培养。语言技能方面以传统的阅读需求为主;希望能够赴日旅游、欣赏动漫及影视作品等属于典型的需求类型;还有两名学生希望在课程结束后可以继续自学日语、考取证书。图 9-8 展示了学生对目标的描述,可以看出学生的需求比较具体和详细。

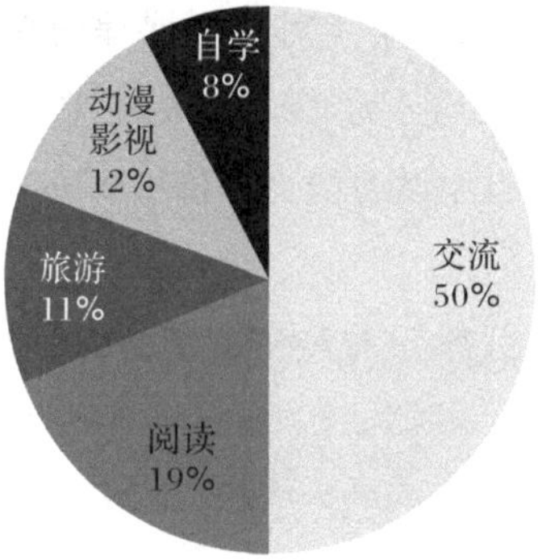

图9-7　"学习需求"分布

图9-8　"学习需求"高频词云图

综上，通过动机和需求调查可以发现，学习者选择日语作为二外基本是基于内部学习动机，学习者是出于对日本文化或者日语本身发生兴趣。而"因为日语简单"或"因为容易获得学分"这样的外部学习动机，与前者相比占比较低，这和张文丽等（2018）的结果一致，反映了当前大学生第二外语学习日语的基本倾向是基于兴趣，而非功利目的。同时我们也认识到，教学要切实结合学生的需求开展，特别要通过跨文化交际实践活动，培养学生的跨文化交际意识。

9.3.2　课程的过程性评价

学期中间，请学生对课程的满意度进行了5级评价（5为非常满意，4为满意，3为一般，2为不满意，1为非常不满意），并请学生对线上课堂和面授课堂进行评价和文字描述，基本把握了前半学期的学习情况。图9-9显示学生整体对课程比较满意，满意度平均分值达到4.19。而对于混合式授课模式，76%的学生表示比较适应（图9-10），分析具体回答发现，有4名学生指出教学进度有些快，这对其适应度也有一定影响。

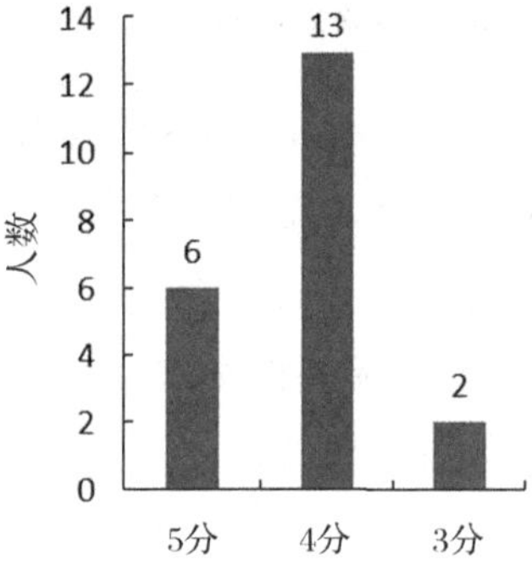

图9-9　期中课程满意度结果

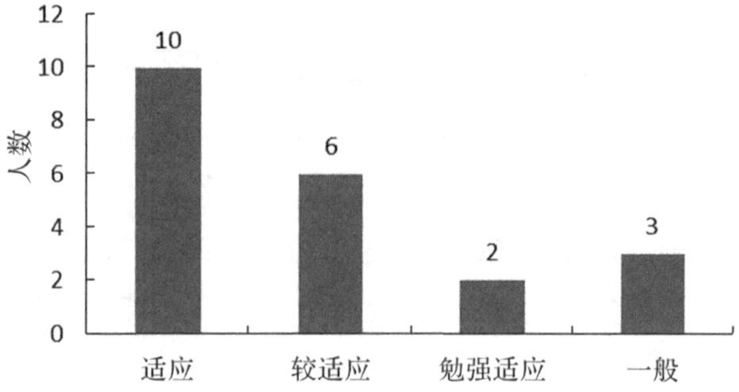

图9-10　授课模式适应度

关于面授课堂,通过分析问卷的文字描述可知,学生对课堂活动的丰富度、个人参与度、课堂讲解的兴趣度等都进行了正向评价,整体评价较好,在个人参与度和积极性方面,课堂满足了学生的情感需求。

关于线上课堂,调查了线上课程的学习效果和督促效果、线上测试效果、学生对视频的兴趣度四个方面。近50%的学生认为线上学习效果好或较好,但也有2名学生明确表示学习效果不好(图9-11);近50%的学生认为线上督促效果一般或较好(图9-12);超过50%的学生认为线上测试的效果好或较好(图9-13);近30%的学生对视频的兴趣一般(图9-14)。可以说,学生“容易走神”和“无人监督”,既是线上课程的特点也是其短板。教师要采取一定手段提高线上课程的督促效果,例如线上课程要及时更新进度要求,要充分利用平台功能监督学生学习行为,锁定“高风险”学生,提醒进度不达标的学生及时自主学习,也要善于综合运用微信群等其他线上平台。同时,改进或补充线上资源,增加实用性强、趣味性高的语言素材,以便促进学生线上自主学习。还有学生提出应该增加语音录制仿读练习的功能,也为线上平台功能拓展提供了创新思路。

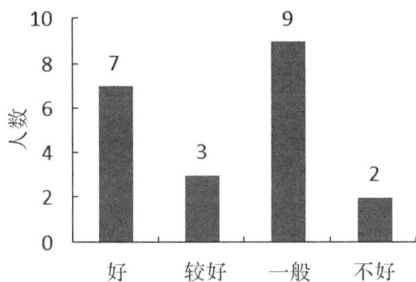

图9-11 线上学习效果评价

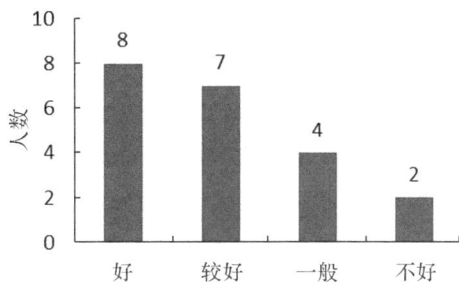

图9-12 线上督促效果评价

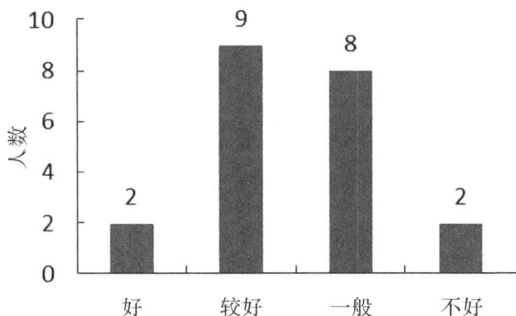

图9-13 线上测试效果评价

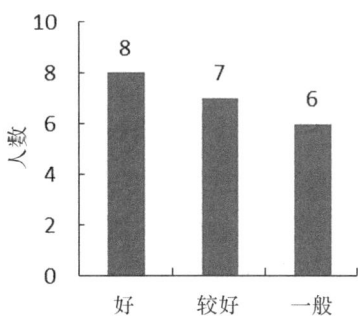

图9-14 学生对视频的兴趣度评价

对于前半学期的收获和不足，学生的自我评价可以总结为以下几点：收获包括了解了日语发音规则，掌握了一些基本词汇和语法，可以朗读简单语篇；不足体现在语音语调掌握欠佳，对个别发音没有信心，假名不熟练，特别是片假名的书写尚需努力。

综上所述，通过学期中的评价反馈，学生和教师能够把握问题所在，这将督促教师在后半学期有针对性地进行改善和提高。

9.3.3　教学模式认知和评价

结课后调查了学生对混合式教学模式的认知和评价。学生对自主能力、混合式教学过程评价、混合式教学模式评价三方面进行了5级评价（5为非常同意，4为同意，3为一般，2为不同意，1为非常不同意）。以下基于各项的得分进行分析。

表9.3显示学生在期末对这门课满意度较高，混合式教学模式对学生的自学能力、规划学习的能力、自我管理的能力等都有促进，整体提高了学生的自主学习能力。

表9.3　课程认知和能力评价数据统计

题项	平均值	标准差
我对这门课的整体满意度很高	3.95	1.13
这门课提高了我的外语自学能力	3.86	0.83
上完这门课，我非常期待后续的课程	3.71	0.98
这门课培养了我的规划学习的能力	3.62	1.00
这门课培养了我良好的学习习惯	3.62	0.90
这门课提升了我的时间管理的能力	3.57	0.90
我认为这种上课方式的性价比很高	3.57	1.00

表9.4显示学生对线上和线下课堂都有比较清楚的认识，对混合式教学理论知识和实际操练结合的特点呈正面肯定态度，而"能够反复观看视频"也显示了SPOC的优势。该结果说明，师生对教学进度及学习目标的把握、教师的课堂教学安排与学生课前学习内容的有效衔接，是提高面授教学效果的重要基础。

表 9-4　混合式教学过程评价数据统计

题项	平均值	标准差
我认为课堂上整体气氛很自由	4.10	0.81
课堂上每个人都有发言机会	4.00	1.41
理论知识和实际操练结合起来更有助于学习这门课	4.00	1.31
课上老师会对我的发言给予及时反馈	3.95	1.17
老师关注每一位同学的学习情况	3.91	1.15
课堂活动能够解答我的疑惑	3.81	0.91
我对课程的进度有清晰把握	3.81	1.10
我认为这门课的评价方式更多元化	3.76	1.23
上课之始,老师会询问我们课前的学习程度	3.67	1.21
MOOC 视频中不懂的地方我会反复观看	3.57	1.05
我很清楚每次课的学习目标和任务	3.52	0.85

　　学生对混合式教学模式的评价如表 9.5 所示。学生对此种教学方式接受度较高,也比较喜爱和感兴趣。相比传统课堂,学生也愿意选择混合式教学模式。学生的此种评价态度也保证了教学的顺利进行。

表 9.5　混合式教学模式评价

题项	平均值	标准差
这种基于 MOOC 的混合式教学方式,我能接受	3.81	1.10
我喜欢这种全新的教学方式	3.62	1.09
在这种模式下,我上课的兴趣会比传统课堂有所提升	3.57	1.05
如果现在让我选择,我愿意选择这种教学方式	3.55	1.16

　　在调查中,学生对喜欢或者不喜欢混合式教学模式的理由以及学习中的困难进行了文字描述。其内容汇总整理的结果如表 9.6 所示。首先,学生喜欢该模式的原因正反映了该教学方式的优点,特别是课堂以学生为中心,实现了讨论和实践,对学生形成了良性刺激。进一步考查学生的回答内容可知,相对于传统教学模式,学生认为混合式教学模式能够"培养自主学习能力""激发学习热情""提高表达能力""提高学习效率"。但是也可以看到,有 12 人表示更习惯老师讲授要点,说明

学生也比较习惯和依赖传统的方式。有一半左右的学生表示遇到的困难是"上课听懂了，但是不会做题或是下课又忘了"，这显示教师需要提高课下对学生的督促和引导。课堂上的产出和实践对学生提出了更高的要求，导致有学生在课堂上跟不上。表示"不想学习"的学生在该学期课程结束后即转入了别的专业。通过访谈"上课听不懂，没兴趣"的学生可知，该生因为学习时间不够导致线上课程落后较多，面授课上无法完全参与课堂活动，进而影响了学习效果。

表 9.6 混合式教学模式评价及学生遇到的困难数据统计

类别	具体表现	频数
喜欢的原因	学生可以主动参与	14
	课堂气氛较活跃	13
	需要不停思考	9
	能马上运用所学知识	9
不喜欢的原因	更习惯老师讲授要点	12
	课堂上跟不上	10
	我不愿课前预习	2
	与教学方式无关，我就是不想学习	1
学习这门课遇到的困难	想花时间学习，但是其他课太多，学习时间不够	17
	上课听懂了，但是不会做题	10
	上课听懂了，但是下课又忘了	9
	上课听不懂，没兴趣	1

从以上调查结果可知，在混合式教学中，学生的角色发生了很大的变化。学生必须在课外积极主动学习且学习内容有所增加。大部分学生可以及时适应新的学习方式，进行自主学习，也的确有学生会感到有负担，学习积极性差，比较被动，任务完成度不高。因此，教师在面授课堂需要随时把控班级情况，发现问题所在，通过及时提醒和帮扶，促进学生进步。可以说，混合式教学对学生和教师都提出了更高要求，只有双方共同努力，才能保证教学有效顺利开展。

9.4 讨论

本章基于笔者在面向英语专业学生的二外日语课堂中导入混合式教学的实践，讨论了以下三个问题：第一，混合式教学的设计；第二，学生对混合式教学模式的认知和评价；第三，混合式教学中存在的主要问题。

　　首先,笔者基于布卢姆的修订版教育目标分类,设计了混合式教学。混合式教学不仅解决了课时不足、应用偏少等外语教学中的具体问题,而且比较好地实践了"输出驱动-输入促成"的学习过程。混合式教学之所以效果显著,笔者认为其最大优势是通过视频完成语言知识点讲解,一方面促进学生的自主学习,另一方面也将教师从重复劳动中解放出来,给教师的面授环节提供了设计更多活动的可能性。同时,混合式教学对教师提出了更高的要求。教师要具备更强的引导力和观察力,掌控课程进程,设计输出活动,驱动学生利用已经接收到的"输入"知识,提高教学成效。混合式教学带来的实践力度加大对学生也是一种挑战,观看视频、完成测试和作业等学习行为数据在平台实时展现,让学生产生了不进则退的紧迫感。

　　其次,通过课前、课中和课后的调查分析了学生对混合式教学模式的认知和评价。调查发现,学生有比较明确的学习动机和需求,在线学习适应度高,对混合式教学的接受度和满意度较高。学生对线上和线下课堂都有比较清楚的认识,认为线上学习效果较好,但是督促效果一般;学生对课堂教学进行了正向评价,而且比较习惯老师讲授要点。

　　再次,通过本次实践发现存在的主要问题是:第一,线上学习督促效果一般,影响学习效果。需要增加对线上课程的监督和引导、杜绝线上作业和考试的抄袭,加强对线上知识的监测。混合式教学的确在一定程度上提高了学生的自主学习能力,但是教师要有督促意识,不能放任自流。在微信群和课堂上进行提醒的同时,教师在教学过程中,需要设计明确的学习内容确认环节,让学生学了就能用,并评估学习效果。第二,为了在课堂上有效完成实践任务,保证混合式教学的学习效果,需要学生课外付出时间较多,可能导致学生对授课也有更高期待。因此要协调线上线下的任务分配,充分利用线下面授课的优越条件,发挥小班授课的优势,课上确认难点重点,多实践多思考,通过多类型多角度的实践任务,提高学生成就感。第三,学习者比较依赖线下面授课,线上交互较少,特别是提问不多,线上后台数据比较单一、不够充分。这和班级人数少、面授课次数多有直接关系。访谈发现,学生认为在线上提问时间成本高,有滞后,有问题可以直接询问同学或者同年级日语专业学生,或者在面授课上提问。另外,课程微信群有助于课下交流学习,在群里提问可以实时解决问题,效果优于讨论区。综合这些因素发现,关于线上交互少的问题,要根据班级实际情况具体分析,不能单纯追求线上热度,而要考虑效果。教师可以在SPOC平台的基础上,利用社交软件等多种手段,保证师生、生生的交互便捷高效。

鉴于以上问题，今后我们要合理利用平台功能提高督学效果。同时，需要进一步丰富线上资源内容、线上测试方法的多样化、测试内容的合理性，课程内容的趣味性需要提高，基于学生的兴趣和需求的拓展性学习材料也需要持续补充。面授课的教学设计更要结合线上学习，有针对性地设置任务，解决学生的问题。学生基于输出解决问题，达成"应用"和"分析"的目标，并进一步努力达成"评价"及"创造"目标。

今后开展混合式教学，需要注意以下四点：第一，明确教学目标，强化课前督学效果。教师通过有针对性的公告和提醒，督促学生完成知识的学习，提高学生的语言应用及分析能力，并通过小组学习及讨论，实现教学目标；第二，进一步改善教学方式，增强线上线下联动。不断更新线上学习资源，促进学生自主知识学习，在面授课中，学生通过参与不同的学习活动，深化知识，提高能力；第三，丰富教学手段，拓展教学内容。增强跨文化交际传播意识，引导学生关注中、日、英三种文化的异同，促进学生主动进行文献资料分析，帮助学生拓宽视野，提高辨析能力，加深对跨文化交际与传播的理解，切实提高跨文化交际能力。第四，注重过程性评价与终结性评价的结合。过程性评价通过小测试、问答练习、日常作业等日常评价方式激励学生，构建科学的评价体系，明确课堂活动参与的评价指标。终结性评价一方面考查学生对知识点的掌握，另一方面要检测学生运用知识解决问题的能力，有助于对学生的课程学习作出科学评价。

同时，作为通识教育的重要组成部分，大学日语课程是开展课程思政的重要阵地。本章中的"二外日语"课程已被认定为本校课程思政示范课程。团队共获批校级课程思政教改项目 4 项，其中"课程思政融入外语专业教育的路径研究"获重点立项，日语辅修及通识课程相关项目的案例入选《西安交通大学课程思政教学案例（2021）》。一系列的教改项目和案例立足于大面积二外日语教学，其教学模式和面向课程思政的教学策略对于其他语种的第二外语课程也有很强的借鉴作用。教改项目实施的调查结果显示，学生认为通过学习日语，不仅提升了自身的第二外语能力，对日本、日本人、中日关系也有了更客观、更全面的认识。团队成员经过课程思政的教学实践达成了一致共识，就是大学日语课程不仅帮助学生获得日语知识，更满足了本校学生的成长需求，帮助学生培养了世界眼光、国际意识，提升了文化自信，助力学生成长为有跨文化交际能力、讲好中国故事的人才，为国家战略需求服务。

9.5　结语

混合式教学作为一种融合了传统面授课程和网络自主学习的新型教学模式，旨在充分发挥教师和学生的主体作用，通过线上线下相结合的方式，提高教学的质量和效果。随着科技的发展和教育改革的推进，混合式教学在外语教学领域已经得到了广泛应用。为了提高外语学习效果，满足学习者的个性化需求而探索和实践混合式教学模式，是每位教师面临的课题。在外语教学领域，混合式教学已经取得了显著的成果，但在实际应用过程中，如何科学合理地设计和实施混合式教学仍然面临着诸多挑战。

本章为一线外语教师提供了具有可操作性的混合式教学设计方案和教学策略，以便教师在实际教学过程中更好地满足学生的个性化需求，提高外语教学的效果。同时，本章也关注了混合式教学在实际应用中所面临的挑战，为教师提供应对策略，以促进外语教学的持续发展。期望本章的混合式教学案例分享可以为一线教师提供更多样化的选择和体验，使外语教学更加灵活和有效。

日本国际交流基金会 2023 年 6 月公布的《海外日语教育机构调查》①结果显示，2022 年度中国的日语学习者总人数仍然保持世界第一，特别是选择日语作为第二外语的学习者数量庞大。多种语言的学习能够拓宽学生的视野，促进学生的文化素养和交流能力的发展，在一定程度上也能增强学生的就业优势。本书提供了利用慕课资源进行有效教学的实例，展示了混合式教学的优势和问题，对高校日益增加的日语学习需求具有参考价值。目前，各大平台上的课程资源日益充实，如果契合校本课程的目标和教学内容，可以充分利用线上资源，丰富课程内容。例如，中国大学 MOOC 平台上的"中国文化的日本之旅"和"日本与日本文化"等文化相关课程可以满足二外日语学习者的日本社会文化方面的学习需求，其他的文学类、社会类课程也可以弥补我们课程这方面资源的不足。课程团队计划今后进一步结合线上资源，精心进行线下面授课的教学设计，借鉴已有成果，多尝试多实践，争取构建适合外语课程的精准化混合式教学模式。

本章中涉及课程实践的内容受课程班级容量所限，属于基于质性分析的案例研究，结果有待进一步泛化。在今后的研究中，我们将更加关注混合式教学的实际效果及其对日语学习者学习成绩的影响。为了全面了解混合式教学的实施情况，

---

① 　具体内容见 https://www.jpf.go.jp/j/project/japanese/survey/result/survey22.html。

可设立实验班和对照班，分别采用混合式教学模式和传统教学模式。通过对比两组学生的学习成绩、学习兴趣、自主学习能力等方面的变化，以期更加准确地评估混合式教学的实施效果。在教学效果评价方面，收集和分析学习者的语言输出数据，更加客观地评价混合式教学的实施效果，并为今后的教学改革提供有力支持。

此外，还应该对教师进行问卷调查和访谈，以了解他们对混合式教学的认知状况、接受程度以及在使用过程中所遇到的困难和问题，这有助于进一步优化混合式教学策略，提高教学效果。

同时，还应该进一步关注混合式教学在外语教育领域的应用前景，探讨如何将混合式教学与其他先进教学理念和手段相结合，以实现外语教育的创新和发展。这包括探讨混合式教学在口语、听力、阅读和写作等不同课程中的应用，以及如何将信息技术与外语教学有机融合，提高学生的学习兴趣和成效。总之，混合式教学在外语教育领域具有广阔的应用前景，通过不断完善和优化混合式教学策略，提高教师的教学能力，关注学生的学习需求和情感体验，一定能够构建中国语境下的外语混合式教学模式，推动中国的外语教育改革和发展，提高我国外语教育水平。

第10章　日语混合式教学中影响学习成效的因素分析

本章以参与"二外日语"的学生为对象,通过分析学习者的在线学习行为,结合问卷调查、访谈,探究影响混合式学习效果的因素,旨在为基于 SPOC 的混合式教学模式提供基本数据与可供参考的结论。

10.1　研究背景

随着混合式教学在外语教学领域的应用越来越广泛,对于混合式教学中的影响因素的调查分析也就日益重要。其原因在于,首先,了解混合式教学中的影响因素对教师有益,可以帮助教师了解哪些因素对学习成效有积极影响,哪些因素可能产生负面影响。这样可以针对性地改进教学方法,更好地设计教学方案和课程内容,改善学习者的学习效果和学习体验。其次,混合式教学中,学习者在学习能力、学习风格、学习动机等方面有差异。研究影响因素可以帮助教师更好地适应学习者的多样性,提供个性化的学习支持和指导。深入了解学习者在混合式教学中的需求和特点,有助于优化教学策略,改善学习效果。最后,混合式教学是相对新颖的教学模式,是教育发展的趋势之一,针对其开展研究有助于不断改进这种教学模式,发掘其优势和局限性,从而提升混合式教学的质量和效果,为未来的教育发展提供重要参考。对于教育管理部门来说,了解混合式教学的影响因素也有助于指导教育决策,推动教育改革。总的来说,研究混合式教学中的影响因素可以更好地理解和优化这种教学模式,适应学习者的多样性,为未来教育发展提供启示。

10.2　研究综述

10.2.1　日语混合式教学研究综述

为了解中国日语混合式教学相关研究现状,笔者基于中国知网数据库,以

"混合式教学""日语"为主题进行检索得到 96 条结果，仔细阅读所有文献后进行逐一核定，剔除广告、书评及与本文选题相关度不大的文献，最终确定相关研究为论文 87 篇，运用内容分析法，从发文时间、研究主题、研究方法等维度进行了统计分析。

经过检索发现，国内日语界将混合式教学与日语教学相结合的研究始于 2017 年，该年出现 5 篇论文，主要为基于微信和慕课的教学模式研究。之后相关研究陆续出现，2018 年发表的论文数量为 10 篇，开始出现基于微课和翻转课堂的教学设计研究。2019 年发表的论文数量急剧增加至 30 篇，开始出现基于 SPOC 和雨课堂的教学模式探索。2020 年发表的论文数量为 28 篇，开始出现"金课"建设路径探析等与课程建设相关的研究内容。2021 年起，论文数量进一步增加，研究内容进一步细化。

本章以屈社明（2019）提出的五维分析框架为基准，将研究主题划分为理论研究、模式创设、主体分析、实践应用和教学评价五大类。理论研究共有 15 篇，占全部研究的 17.2％，包括混合式教学模式的内在机理、实践路径和策略研究等。模式创设共有 44 篇，占全部研究的 50.6％，包括针对"实用商务日语""酒店日语""基础日语""日语阅读""日语视听说""二外日语"等特定课程的混合式教学模式探索。主体分析仅有 2 篇，占全部研究的 2.3％，涉及学生学习满意度和学习能力。实践应用共有 25 篇，占全部研究的 28.7％，多为基于特定课程和主体的实证研究。教学评价仅有 1 篇，占全部研究的 1.2％，构建了针对学生的教学评价体系。

宏观研究方法分为实证研究和非实证研究，实证研究共有 42 篇，占比 48.3％，非实证研究共有 45 篇，占比 51.7％。微观研究方法包括教育设计法、问卷法、探讨法、定量研究、定性研究、混合研究、访谈法、对比法、观察法等。根据出现频次由高到低分别为教育设计法 59 次、探讨法 21 次、问卷法 12 次、访谈法 6 次、对比法 5 次、定量研究 3 次、混合研究 2 次、定性研究 1 次、观察法 1 次。

目前，国内关于日语混合式教学的研究还处于起步阶段。其中刊发于 CSSCI 期刊的论文有两篇。刘婷等（2019）以日语专业一年级学生为对象，在两个班级分别进行混合式教学和传统教学，比较其学习效果。通过角色扮演测试测定学习者的日语交流能力。结果发现两个班级的结果有显著差异。混合型教学在提高语言应用能力方面的效果得到了证实。韩兰灵等（2021）基于"日语听说"SPOC，对软件工程日语强化专业 207 名学习者进行了为期三个学期的研究。对平台数据和听力成绩的关联进行分析,发现在线学习行为能够预测学习效果。问卷调查的结果显示,观看视频时的学习态度与听力成绩没有相关性。

调查发现,国内相关研究存在以下三个问题:第一,研究质量有待提升;第二,研究主题分布不够均衡;第三,研究方法总体格局有待优化。

首先,由分析结果可以看到,虽然国内日语混合式教学研究的数量持续增长的态势,但是与英语相关研究相比,总体数量和占比依然偏少。从发表数量上看,国内学术期刊发表的与外语教学有关的论文达到 3451 篇,但日语类相关课程研究仅占英语类研究的 2.5%。从发表期刊类别上看,发表于 CSSCI 期刊的外语教学研究方面的论文有 41 篇(剔除相关性不强的文献及广告、书评),但日语类相关课程研究仅占英语类研究的 2.4%。今后需要加大研究力度并提高研究质量。

其次,我国日语混合式教学覆盖理论研究、模式创设、主体分析、实践应用、教学评价 5 个主题,其中模式创设和实践应用为热点主题,理论研究、主体分析和教学评价持续冷门。日语混合式教学研究中的理论研究较为单薄,多为教学策略及路径研究,没有针对特定课程,缺乏实践验证,缺乏有针对性或广泛借鉴意义的理论研究成果。教师和学生是混合式教学的核心维度,当前研究主体分析在学生层面仅限于学习满意度及学习能力提升的相关研究,在教师层面如教学能力、教学信念、专业发展路径等则是一片空白。教学评价是检验教学质量、推动混合式教学建设的重要手段,现有教学评价研究内容仅限于对教学成果的评价体系构建,缺乏对混合式教学模式本身的评价体系。

最后,由统计结果可以看出,大部分研究属于非实证研究,其中又有很大一部分为未经过实践验证的混合式教学可行性及优势意义研究,只有少部分研究涉及我国日语教学实践。理论探讨固然重要,但不能满足于纸上谈兵,需要通过教学实践检验新教学模式的可靠性和优缺点,根据具体情况进行调整,发挥新教学模式的优势。今后需要开展实证研究并使用更加规范的研究方法。

当然,本书所选取的文献并不代表我国日语混合式教学的全部,相信还有很多文献以"金课"、慕课、翻转课堂等具体角度展开了研究,囿于本文的检索方式不能得到呈现,因此未来研究的文献综述还需要扩大文献来源。10.2.2 节阐述本章研究的理论基础。

10.2.2 学习投入与学习分析

20 世纪 90 年代末，学习投入（student engagement）理论在美国诞生。学习投入是学习者投入学习活动的时间和努力，是学生对学习的参与（Kuh，2007）。在提高学习效果方面，学习投入的重要性迄今已被许多研究者所证明。关于学习投入的类型，由 Fredricks（2004）提出的情感投入、行为投入和认知投入的分类方法获得了广泛认同。

苏联心理学家维果茨基、列昂捷夫等认为，活动是解释人的心理发展问题的逻辑起点，并提出了第一代文化-历史心理理论，这为活动理论的形成奠定了基础。在 Engestrom（2000）提出的第三代文化-历史活动理论中，活动系统模型包括主体、客体、工具、规则、共同体和分工体共计 6 个要素。赵春等（2020）根据第三代文化历史活动理论，提出了混合式教学框架。图 10-1 是基于活动理论的混合学习投入度研究框架。该框架使混合式教学可视化，作为本研究的基础理论，对探究学习效果的影响因素提供了参考。

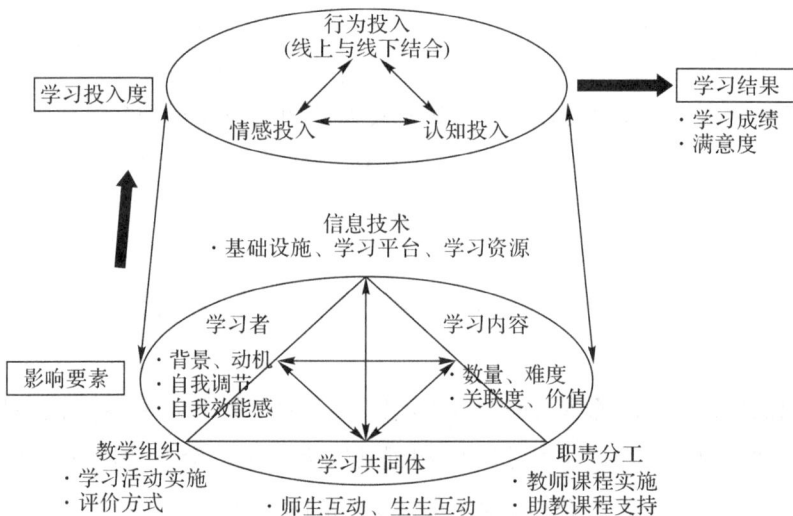

图 10-1　基于活动理论的混合学习投入度研究框架

学习分析已经成为大数据时代下学界研究的热点。教师利用学习分析工具收集和分析学生的数据，关注个体的学习行为，反馈、预测、预判学生的学习潜能，给学生提供多样化的资源，合理规划学习路径，干预学习行为，为教学提供决策支持，最终实现外语教学资源推荐精准化、教学个性化、教学环境智慧化、教学评价智能化、教学决策科学化、教学设计和管理精细化(甘容辉 等,2016)。胡杰辉(2021)也指出,融合多种研究方法,关注证据驱动的混合式教学评价十分必要。基于这样的共识,李爽等(2016)在梳理学习分析的概念、要素和模型、主要分析工具和方法的基础上,提出了在线学习行为投入分析框架,包括参与、交互、坚持、专注、学术挑战、自我监控 6 个维度,并对 2268 名学生基于 Moodle 平台的数据,对在线学习行为投入测量指标进行了统计分析,确定了 21 个测量指标,以及主动交互、平均参与度、绩效努力、学术挑战、自我监控等 5 个投入因子。吴菲等(2023)提供了一个很好的研究范本,考察 edX 平台上 106 名学生参与完整高校课程的状态,连续四年收集了 15 门课程的后续数据,结果显示"积极组"的轨迹较为稳定,得分愈高的学生退出的可能性愈小。问题轨迹显示了学生多在课程早期脱离,常辍学的学生绩点最低。

基于对以上研究的梳理,本章的研究将 SPOC 平台上记录的在线学习数据作为衡量行为投入的指标,分析学习者的在线学习行为,并结合问卷调查和采访,探究影响混合式学习效果的因素。

10.3 研究设计

10.3.1 研究对象

研究对象为参加 2021—2022 学年秋季学期"二外/日语 1"课程的 35 名英语专业学生。该课程属于公共基础类必修课程,共计 8 个学分,分三个学期授课,课程名称分别为"二外/日语 1""二外/日语 2""二外/日语 3"。二外课程的教学目标是提高学生的日语应用能力和自主学习能力,培养学生跨文化交际意识和能力(曹红荃 等,2021)。

根据"二外/日语 1"的课程规划,第一阶段的课程目标是"为日语学习打下基础"。具体内容为:①掌握口语的发音、基本的词汇和语法;②能完成用口语打招呼等初级任务;③了解日本的社会文化。该课程使用的教科书是《新大学日语标准教程 1》(高等教育出版社 2016 版)。课程在 2021 年 9 月至 12 月进行。16 周中第 4、7、11、14 周为线上自学时间,学生不用去教室。其他 12 周的每周四下午,在教室进行两个小时的传统面对面式授课。学生在课前登录 SPOC 平台,访问本课学习内容,通过自主观看教学视频和文件,学习词汇、语法、句型、会话和短文等。学生可以灵活根据个人情况安排学习的时间，通过 SPOC 平台的课后练习和测试，自行确认知识的掌握程度，在了解授课内容的基础上，参加线下课程，与教师交互，和同学一起练习发音、进行小组讨论。

图 10-2　"二外/日语 1"SPOC 平台界面

10.3.2　研究方法

本章基于学习投入理论和活动理论设计了研究方案，对影响混合式学习成效的因素进行了探究。首先采用学习分析方法，通过对 SPOC 平台学习行为数据的分析，验证了在线学习投入与成绩的相关关系。其次，围绕影响学习投入的因素进行了问卷调查。最后基于以上两种量化分析的结果，设计并实施了访谈。

依据图 10-1 中混合学习投入度研究框架进行分析，共三个步骤：首先将学习管理系统（Learning Management System，简称 LMS）中记录的学习行为数据作为衡量学习投入的指标，分析各指标的特征，并与成绩进行相关性分析。其次通过量表，调查影响学习投入的因素（包括学习动机、人际关系、课程因素、学习氛围、学习满意度五个方面），验证各因素与学生成绩之间的关系，使用皮尔逊相关系数衡量相关性。最后通过采访进一步验证和补充以上量化分析的结果。

"二外日语"课程评价包含形成性评价和终结性评价，评价项目见表 10.1。综合成绩中，期末考试成绩只占 50%，SPOC 平台的学习活动合计占 30%、课堂表现占 10％、发音练习占 10％。为了排除单纯刷视频并未学习的情况，本研究选取终结性评价的期末考试成绩作为衡量学生实际学习效果的指标。

表 10.1　"二外日语 1"课程评价项目

分类	考察事项	比例/％
SPOC 平台	视频观看	5
	课后练习	10
	小测验	10
	讨论区交互	5
线下授课	期末考试	50
	小组讨论	10
思源学堂（Blackboard）	发音练习	10

10.4　结果与讨论

首先，对 SPOC 平台记录的学习数据进行统计分析，验证学习行为与成绩的相关性。其次对"二外日语学习成效影响因素"问卷调查结果进行考察。最后结合访谈，综合讨论学习行为及其他因素对混合式学习效果的影响。

10.4.1　在线学习行为分析

1. 视频观看

本节针对在 SPOC 平台学习管理系统中提取的学习行为数据，说明各指标的概要、计量方法以及学习行为的特征。

在"二外日语 1"中，SPOC 平台的学习内容主要以视频的形式提供。除序章和发音指导外，第四章至第九章均有词汇、语法和句型、会话和课文、惯用表达和小知识四部分内容，每章主要的学习资源是一个或两个 7 到 15 分钟的视频。除此之外，还附带一些练习用视频和录音。在授课期间，SPOC 平台上共上传了 79 个视频。全体学生视频观看的平均数为 67.086 个，最大值为 79 个（全部看完），最小值为 6 个，视频观看率从不到 8％到 100％，存在显著的差异，具体如表 10.2所示。

表 10.2　视频观看情况($n=35$)

项目	平均值	标准差	最小值	最大值
视频观看个数	67.09	17.48	6	79
观看率/%	87.46	—	7.59	100
观看时长/分钟	826.74	596.71	98	2434

　　分析学生一学期观看视频次数变化,可以观察到学生整体学习热情的下降。在混合式学习中,知识的输入主要通过在线自主学习进行,但一些学习者在课程推进的过程中渐渐放松了对自己的要求。另外,图 10-3 还显示出学生对学习资料的选择倾向。从折线上可以看到有节奏的高低变化,这是因为每章第一个教学视频的观看人数最多。观看人数少的视频主要是练习视频和无画面的声音视频。这说明平台视频的内容会直接影响学习者的观看热情。

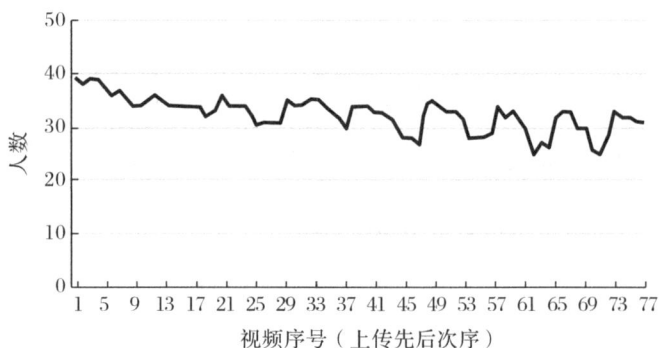

图 10-3　视频观看人数变化

　　最后,从单个视频观看人数的变化也可以发现,部分学生有在临近线下授课前观看教学视频的习惯。本课除第 4、7、11、14 周外,每周四下午都有两个小时的课程。从学习管理系统的记录可以观察到,视频首次观看者的人数集中在周三、周四有增长。如图 10-4 所示,第 7 章的线下授课在 12 月 2 日进行,在此之前的一周没有线下授课。虽然混合式教学的设计初衷是希望学生提前利用 SPOC 平台进行预习,但实际情况是,在线下课程观看当周视频的学生占大多数。

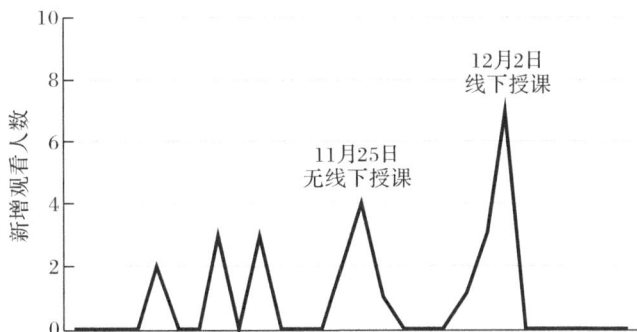

图 10-4　第 7 章视频新增观看人数变化

2. 讨论区交互

在"二外日语 1"SPOC 平台的讨论区中设有答疑区、学习交流区及综合讨论区三个子版块。与慕课不同,混合式教学因为有线下授课,学习者与教师、学习者之间的交流主要通过面对面或者微信等即时通信软件进行。平台讨论区的利用率并不高,但也被教师用于布置讨论任务,使其发挥了加强学生间交流的作用。讨论区主题相关统计结果如表 10.3 所示。

表 10.3　讨论区主题相关统计结果

序号	主题	分类	发布时间	浏览量	评论数
1	初学日语的心得	综合讨论区	2021-11-15	81	17
2	游览校园	学习交流区	2021-11-19	108	16
3	中日大学生生活比较	综合讨论区	2021-12-09	68	10

第一个帖子"初学日语的心得"由教师发表,主要目的是通过日语学习经验的分享,加强同学间交流,提升整体学习效果。值得注意的是,在 17 个回答中,提到"对日语的兴趣"和"平时的知识积累"的回答分别为 11 个、10 个。兴趣、积累对日语能力的提高起着重要作用,这是外语学习者的共识。但也不排除一些回答受先前回答影响,导致相似回答过多的情况出现。

在"中日大学生生活比较"的任务中,全体学生被分为 10 组,每组讨论结果由组长上传至平台。在前两个讨论中,均只有半数的学习者参加,而第三个讨论收到了全部小组的回复。这说明团队任务在提升学习者投入方面可以发挥一定的作用。

3. 课后练习和测验

在 SPOC 平台上,每一章都包含课后练习和测验。测验最多可提交三次,由系统自动评分,将最高成绩判定为最终成绩。测验中的问题一般是客观问题,如选择题和判断题。各章的课后练习通常有 3 个主观问题,例如句子的翻译等,没有标准答案。这部分成绩在提交时间截止后由教师评分。整体情况如表 10.4 所示。

表 10.4   课后练习和测验完成情况($n=35$)

项目	平均值	标准差	最小值	最大值
测验分数	30.12	4.02	15.42	33.00
测验提交次数	13.17	2.77	7.00	18.00
课后练习分数	24.98	5.96	6.44	32.67
课后练习提交次数	7.00	1.68	1.00	9.00

4. 发音练习成绩

为了让零基础日语学习者练习发音,学生被分成小组,定期朗读课文。学生需要录音并将语音文件上传到思源学堂。思源学堂是项目团队成员的校内在线学习平台(Blackboard),覆盖全校教学。教师可利用思源学堂发布课堂公告、上传学习资源、布置和批改作业、设置论坛等。学习平台的功能取代了传统的纸质作业和电子邮件交作业,作业的提交主要在思源学堂进行。

本学期共布置了 7 项语音任务,每组完成其中指定的 4 项任务。由于需要成员的协同,整体参与率较高,4 次全部参与的学生比例高达 94.29%。参与的学生各项任务得分也基本在 8.5 以上(满分 10 分),总分平均值超过 36,表现良好。

表 10.5   发音练习成绩($n=35$)

项目	平均值	标准差	最小值	最大值
提交次数	3.94	0.23	3.00	4.00
分数	36.76	2.90	27.50	40.00

10.4.2　在线学习行为与成绩的相关性分析

各指标与成绩的相关性分析结果如表 10.6 所示。从相关系数可以看出,学习行为与学习效果之间存在显著的关联。

表 10.6　学习行为各指标与学生成绩的关系

选项	学习行为各指标与学生成绩关系的相关系数	
	皮尔逊相关系数	显著性(双尾)
视频观看个数	0.513**	0.002
视频观看时长	0.389*	0.021
测验分数	0.317	0.063
测验提交次数	0.498**	0.002
课后练习成绩	0.440**	0.008
课后练习提交次数	0.372*	0.028
发音练习任务分数	0.654**	0.000

注:* 表示 $p<0.05$;** 表示 $p<0.01$;*** 表示 $p<0.001$。

视频观看个数与成绩之间存在显著的正相关($r=0.513, p<0.01$)。视频观看次数是最能代表在线学习投入度的指标。此外,视频观看的总时长也与成绩呈正相关($r=0.389, p<0.05$)。SPOC 平台测验得分与成绩没有明显的相关。测验可以提交三次,如果第一次取得的分数很低,学习者可以通过改正错误、背诵正确的选项,在再次提交时取得更理想的分数。而且在进行答题的过程中,学生可以参考教科书、翻译软件等工具进行回答。因此,获得满分的学生很多。但是,回答的提交次数与成绩之间存在显著的正相关($r=0.498, p<0.01$)。有些学生忽视了测验,有的学生不以取得满分为目标,放弃了可以提交三次的机会,只以低分数提交了一次。相反,一些学习者为了取得满分,会再次尝试提交,在这一过程中,他们对知识的掌握也在不断加强。

表 10.7　讨论区各指标与学生成绩的关系

成绩	评论时间先后		评论字数	
	皮尔逊相关系数	显著性(双尾)	皮尔逊相关系数	显著性(双尾)
主题 1 的成绩	0.618**	0.008	0.357	0.159
主题 2 的成绩	0.705**	0.002	0.520*	0.039

注:* 表示 $p<0.05$;** 表示 $p<0.01$;*** 表示 $p<0.001$。

如表10.7所示,针对讨论区第一个和第二个主题,评论的回复时间先后和成绩呈明显的正相关关系,说明积极参与 SPOC 平台的讨论主题的学生成绩更好,即学生对讨论的重视程度会直接影响学习效果。第一个主题是使用汉语分享日语的学习经验,评论字数与最终成绩没有显著的相关关系,而第二个主题"带你游校园",要求学生使用学习的日语存在句介绍校园,评论字数与最终成绩有明显的正相关关系。这说明即使在学习的初期阶段,能用日语产出越多内容的学生,最终成绩越好。

10.4.3　问卷调查

笔者于2022年3月向参与"二外日语 1"课程的36名学习者发放关于影响学习投入因素的问卷。调查问卷参考了伍艳(2019)的研究,将影响学习投入的因素分为学习动机、人际关系、课程因素、学习氛围、学习满意度5个维度,采用利克特五级量表。共计回收31份有效问卷。回答的平均时间为3分钟。

如表10.8所示,内部动机与成绩的相关系数为 0.644,呈显著正相关。学习者的成绩与内部动机有很强的联系,并且与和教师的关系、对课程的评价以及对学习状态的满意度也有关联。但是,与同伴的关系、学习氛围没有明显关联。为了探究影响学习效果的因素,需要通过采访进一步验证。

表 10.8　各变量间的相关系数($n=31$)

项目	内部动机	外部动机	同伴关系	师生关系	课程因素	学习氛围	学习满意度	成绩
内部动机	1							
外部动机	-0.358^*	1						
同伴关系	0.416^*	-0.049	1					
师生关系	0.538^{**}	-0.090	0.332	1				
课程因素	0.565^{**}	-0.342	0.192	0.469^{**}	1			
学习氛围	0.447^*	-0.020	0.640^{**}	0.501^*	0.376^*	1		
学习满意度	0.604^{**}	-0.315	0.314	0.556^*	0.560^{**}	0.514^{**}	1	
成绩	0.644^{**}	-0.236	-0.134	0.378^*	0.427^*	0.186	0.368^*	1

注:* 表示 $p<0.05$;** 表示 $p<0.01$;*** 表示 $p<0.001$。

10.4.4　访谈调查

在问卷调查的最后,笔者让有意愿接受访谈的学生留下了联系方式。31 名回答者中,有意参加访谈的有 12 名。从 12 名学习者中选出不同成绩阶段的 3 名,围绕日语学习动机、学习习惯、对混合型课程的评价等要素对其进行了采访。结果如表 10.9 所示。

表 10.9　访谈结果

项目	学习者 A	学习者 B	学习者 C
成绩	优秀	较好	普通
动机	喜欢看日剧	想去日本留学	没有
对混合式教学的态度	学习时间自由,且教学视频可以反复观看,赞成	赞成(理由同 A)	赞成(理由同 A)
在线自主学习	一周一次	一周一次	一周一次,偶尔会忘记
日语学习习惯	经常手写	经常手写	几乎不手写
投入较高的情况	和同学讨论的时候	课堂上老师介绍日本文化有关的内容时	考试前
无法集中的情况	和同学讨论过于投入,无法专心于老师的讲解	过度的知识输入导致疲惫	过度的知识输入导致疲惫
有成就感的时刻	自己知道的有关日语的知识,其他同学不知道	日语的成绩还算满意	在街上看到日料店的招牌时,虽然不知道假名的意思但是可以读出来

在成绩不同的学习者之间,发现了以下几点不同。

首先是学习动机。除了获得学分、升学、就业等目的外,学习者希望通过不同语言之间的比较提高综合能力、拓宽视野。二外日语课程的必要性得到了英语专业同学的认可。以下是学习者 A 对日语学习目的的阐述。

A:第一个就是追星,我有喜欢的日本明星。第二个是觉得英语专业的学生会第二门外语会很加分。第三是对日本挺向往的,之后想去玩。

然而学习者 C 对日本文化没有表现出强烈的兴趣。三名受访对象的学习动机是影响其学习效果的主要因素,这与已有研究的结论一致。

第二是在线自主学习。关于在线自主学习，由于传统线下课堂的存在，受访者A几乎每周都会访问平台，观看教学视频，完成课后练习。但受访者B和C偶尔会忘记这一点。

B：即使上课前没看视频也得看下书。

C：不早看的话，上课会有点困难。

第三是手写日语的习惯。采访中还发现学生在日语学习中的手写习惯也可能影响成绩。以下是受访者B和C的表述。

B：我倾向于手写，因为感觉会记得更牢。

C：复习的时候写着写着，回头看一遍自己写的，发现什么都看不懂。

期末考试没有及格的受访者C表示几乎不手写日语。受访者B从学习日语初期就经常练习手写。由于没有对全体学习者进行调查，所以手写习惯与成绩的关联性只是一种猜测。SPOC平台上的测验主要以选择题和判断题的方式呈现，课后练习也是用电脑软件来输入日语。因此，没有手写习惯的学生在传统期末考试的回答上会感到困难。由于引入在线自主学习，学生手写外语的机会减少，传统的笔试考试对学习效果评价的准确性有待考证。倘若以软件输入的形式进行期末考试，结果是否会改变，还需要进一步验证。

第四是与教师和同学的交互。三人都认为小组型任务对增加学习投入有帮助。虽然引入了在线自主学习，但受访者表示学习者之间的交互并没有减少。即使引入了SPOC自主学习，面对面的授课时间依然很长。平时有很多和同学交流的机会，微信联系也很方便，所以学生并没有感到交流的减少。但是，与成绩较差的学习者相比，成绩较好的学习者会更加主动回答问题、参与讨论。

第五是对混合式教学的态度。除了日语课程以外，三位学习者都参加过其他混合式课程。在互联网普及的当下，混合式教学被中国大学生群体所熟悉，对网络平台自主学习的抵触感并不是影响混合式教学成效的因素。

■10.5　结语

团队基于面向英语专业本科生的"二外日语"课程的SPOC教学实践，采集了一个学期的学习数据，开展了问卷调查及访谈。研究结果显示：在线自主学习中，学习者对日语学习的投入程度存在个人差异。与韩兰灵等（2021）的研究结果一致，在线自主学习行为和学习效果之间存在显著的关联。特别是讨论区发言次数、发音练习任务的分数、教学视频的观看这三个指标和成绩的关联最强。利用 SPOC 平台的自主学习有助于提高学习效果，混合型教学的有效性得到了验证。此外，研究还发现，随着教学的推进，学生的学习热情下降，根据资源类型的不同，存在取舍的倾向和临上课前观看教学视频的现象。并且，相较于小组任务，个人任务的参与率更低，这说明小组型任务可以更好地保障学习投入。影响学习效果的因素中，学习者的动机、与教师的关系、对授课和学习状态的满意度与学习效果的关系都得到了验证。其中，与已有研究结果一致，学习动机与成绩的相关最为显著。在基于 SPOC 的混合型授课中，学习者和教师、学习者之间的交互并没有减少。

混合式学习中，由于在线自主学习的导入，部分学生手写日语的机会减少了，这对第一次学习假名的日语初学者来说是不利的，也会对传统考试形式成绩的可信度造成影响。对语言初学者来说，手写和输入法的掌握同样重要。在接下来的研究中，外语混合式学习中手写练习的重要性以及考试的形式仍有待探讨。目前，混合式教学已被大多数大学生所接受。因此，学生对混合式教学的抵抗和不适应对学习成效的影响已不再是成绩的主要影响因素。学习者的在线学习行为与学习效果之间存在正相关。教师通过登录平台跟踪学习动态，可以督促没有及时观看教学视频的学生。

在本研究中，仅使用期末考试成绩作为代表学习效果的指标，这不足以测量包括发音、会话、听力、写作在内的学习者的日语综合能力。并且，本研究只关注 SPOC 平台上的学习行为，没有对线下课堂上的学习投入进行评估。手写习惯对外语学习的影响以及混合式教学的评价方式也有待进一步研究。混合式教学中影响学习成效的因素是多方面的，包括教师的角色和指导、学习者的主动性和自律性、学习者与教师的交互等。这些因素相互交织，共同影响着学习者在混合式教学中的学习成果。今后需要从多个角度对混合式教学的成效进行更加深入的研究。

此外，本研究中的样本数量相对较少，这可能导致结果的普遍性有限。为了使研究结果更具说服力，今后的研究应扩大样本规模，涵盖更多不同层次、不同背景的学习者。同时，可以考虑引入更多元化的研究方法，如学习者的语言产出数据分析、在线完成语言任务的成效及利用发声思考法获得思维数据等，以获取更丰富、更全面的数据。

　　今后在混合式教学的设计和实施过程中，还应充分考虑学习者的个性化需求和特点。例如，针对不同学习者的学习速度、学习偏好和认知能力，设计具有针对性的教学策略和资源。此外，教师应关注学习者的情感因素，如动机、自信、焦虑等，以营造积极的学习氛围，激发学习者的潜能。

　　综上所述，混合式教学作为一种新型的教学模式，在日语教学中具有很大的发展潜力。然而，要充分发挥其优势，还需在多个层面进行深入研究和改进。从教师的专业发展、教学资源构建、教学策略的形成、学习评价等方面，系统地推进混合式教学的实施，以提高日语教学质量和学习者的综合素质。

第11章　高校日语教师教育信息技术应用的影响因素研究

当前,迫切需要针对高校日语教师的信息技术应用现状及影响因素的相关研究。本章以 12 名高校日语教师为访谈对象,基于扎根理论,对访谈内容进行质性分析。

11.1　研究背景

2011 年联合国教科文组织(UNESCO)发布了《教师信息与通信技术能力框架》(ICT Competency Framework for Teachers),强调了信息技术对教师能力提升的重要性。2018 年起,中国陆续发布了《教育信息化 2.0 行动计划》和《中国教育现代化 2035》。这两个文件是以教育信息化、教育现代化为主题的中长期战略规划,为中国的教育信息化发展制定了顶层设计,明确了实施路径。各国家、地区在整体框架下针对不同教育阶段、不同学科的教师,提出了更加细分的要求。例如,美国、英国和澳大利亚等国提出了一系列专门针对语言教师的能力标准或框架(徐锦芬 等,2021)。在我国日语教育界,《普通高等学校本科外国语言文学类专业教学指南》和《大学日语教学指南(2021 版)》都对高校日语教师的信息技术应用水平提出了要求。例如,前者在"教师素质"中规定教师要具备"现代教育技术和教学手段的运用能力",后者指出"大学日语教师要与时俱进,不断学习,跟上新技术发展,积极推动现代信息技术全面融入教学和学习过程,不断增强使用信息技术的意识、知识和能力"。

在这样的背景下,为了实现教育信息化的中长期战略目标,提升教师的在线教学胜任力就尤为关键。从教师专业发展角度看,在线教育资源和工具不断增加,教师不再是知识传输的主要渠道,而是要积极利用各类在线或混合式教学工具再造教学流程,培养学生各方面的能力,并在此过程中实现自身成长和能力发展(陈丽,2021)。

那么，处于剧烈变化中的高校日语教师，如何认识教学方式的改变，如何应对来自教育技术的挑战？影响他们在教学中应用信息技术的因素有哪些？本研究认为，探究我国高校日语教师的信息技术应用的现状与课题，一方面有利于应对信息化时代对高校日语教师所提出的挑战，另一方面有利于贯彻教学指南中所提出的相关要求，促进日语教育提质增效，健康发展。

本章中教育信息技术应用指教师基于学生自主学习、个性化学习的理念，通过建设或使用微课、慕课等线上教育资源，开展翻转课堂、混合式教学等方式，达到拓展教学内容、改善教学方法、提升教学质量的目的。本章重点讨论以下 3 个问题：

(1)教育信息技术应用背景下，影响高校日语教师信息技术应用的因素是什么？

(2)这些影响因素如何作用于教师的信息技术应用行为？

(3)信息化背景下高校日语教师专业发展的路径是什么？

11.2 研究设计

11.2.1 数据收集

为明确影响高校日语教师在信息技术应用方面的因素，本研究采用线上半结构访谈形式收集数据。受访者是来自我国 11 所不同高校的 12 名日语一线教师，这 11 所高校分布在我国 9 个省或直辖市，受访者是笔者在大学日语教师研修等场合认识的一线教师，或者是经介绍推荐的教师。受访者的教龄从 2 年到 30 年不等，其中有 8 位教龄在 10 年以上。他们都在高校日语信息化教学实践方面积累了一定经验，近 3 年均有使用智慧教室、雨课堂、学习通、超星等信息化工具或者校内学习平台开展教学的经验，其中 8 人主持或参与过日语课程的慕课建设及运营。受访者分别来自外国语大学(3 人)、综合性大学(6 人)、师范或财经类大学(3 人)，所有受访人都承担日语专业教学，其中 9 人也同时承担公共外语教学，能够在一定程度上代表高校一线日语教师。

本研究基于已有研究的访谈问题，编制了"高校一线日语教师信息化教学影响因素的访谈提纲"，访谈的具体问题包括"您将信息技术应用于教学的契机或动力是什么？"、"您认为使用信息技术教学有哪些优缺点？"、"在信息技术应用于教学过程中,有哪些影响因素?","您在应用信息技术教学时遇到过什么困难,如何解决的?","学生对您的教学有什么反馈?"等。访谈前一天,将访谈提纲发送给受访者,预留充分思考时间。

访谈过程中,依据受访者所谈内容,通过追问来推动问题不断深入,每位教师的访谈时间均在 1 小时左右。笔者在征得受访者同意后,对访谈过程全程录音,访谈时长共 13 小时 6 分钟,录音转写、校对后的文本共 127098 字。本研究对受访者进行匿名处理,按照访谈顺序将其编号为 T1、T2……T12(T 代表 Teacher,T1 即第 1 位受访者)。

11.2.2　数据分析

数据分析采用扎根理论,通过系统化的操作程序,自下而上地进行三级编码,包括开放式编码、轴心式编码和选择性编码。对录音转写后的文本进行整理,使用 Nvivo12 软件进行如下操作:①将文本导入 Nvivo12 软件。②开放式编码:将原始资料进行分类并命名,形成"概念"。③轴心式编码:将意义相近的概念进行合并,生成"范畴",进一步归纳出"核心范畴"。④选择性编码:将分析结果进行梳理和总结,围绕"核心范畴"初步构建影响因素的框架图。⑤预留 12 名受访者中 2 人的访谈数据作为理论饱和检验的数据,其余 10 人的数据作为编码来源。最后,阐释框架并进行总结。参考张海等(2019)绘制了如图 11-1 所示的研究过程图。下文中用< >表示"概念",用[ ]表示"范畴",用【 】表示"核心范畴"。

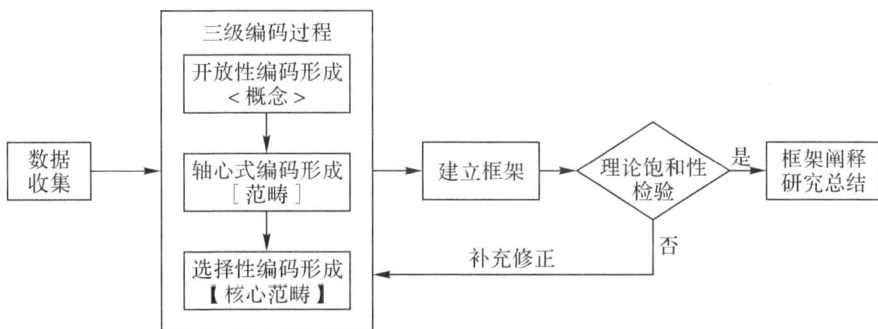

图 11-1　数据分析过程

11.3 影响因素的确定

11.3.1 开放式编码与轴心式编码

删除受访者访谈数据中与教育信息技术应用没有关系的内容,根据扎根理论进行如表 11.1 所示的编码过程。

表 11.1　编码示例

开放式编码			轴心式编码	
原始资料	标签	概念	范畴	核心范畴
(1)我们的课程是辽宁省精品资源共享课,也是在精品资源共享课的资助下建起来的,我们也上了辽宁省的在线学习平台——酷学辽宁。当时老师只管教学内容、教学设计,老师是主讲的	a1 省精品课 a2 得到资助 a3 建设课程 a4 课程在平台上线 a5 教师负责教学设计	b1 制度和经费支持(a1、a2、a4) b2 在线课程资源建设(a3、a6)	学校和平台支持(b1)	支持因素
(2)每个学期不一样,比如说现在有疫情,我们进不了校园,就会有一些资料的传递什么的,在这个平台上去实现,也比较自由。(疫情期间上课)采用了平台加腾讯会议直播的形式。有课前测试、课后测试,我的课上这是最主要的。偶尔也会有一些课题上传到平台,学生之间进行互评,也有这一部分。互评占成绩的一半,也是在线上完成的	a6 使用平台上传资料 a7 平台加腾讯会议直播 a8 课前课后测试 a9 课题上传平台 a10 学生线上互评 a11 互评占比	b3 在线教学活动设计(a5、a7、a8、a9) b4 评价方式(a10、a11)	教师应用现状(b2、b3、b4)	教师因素

第一步:开放式编码

利用 Nvivo12 软件,给文本逐词逐句标注标签,从受访者口述的经验事实中抽取"概念"。如表 11.1 所示,从原始资料(1)可以标注出"a1 省精品课""a2 得到资助""a3 建设课程"等 5 个标签,从原始资料(2)可以标注出"a6 使用平台上传资料""a7 平台加腾讯会议直播""a8 课前课后测试"等 6 个标签。进一步对比、归类,可以将标签"a1 省精品课""a2 得到资助""a4 课程在平台上线"归为一类,命名为"b1 制度和经费支持";可以将"a5 教师负责教学设计""a7 平台加腾讯会议直播""a8 课前课后测试""a9 课题上传平台"归为一类,命名为"b3 在线教学活动设计"。如此反复此项操作,从这两段原始资料中抽出<b1 制度和经费支持><b2 在线课程资源建设><b3 在线教学活动设计><b4 评价方式>等 4 个概念。

第二步:轴心式编码

通过不断比对、整合和分析上一步抽出的概念,进一步抽象化这些概念,形成"范畴"。例如,概念<b1 制度和经费支持>可以归入范畴【学校和平台支持】,<b2在线课程资源建设><b3 在线教学活动设计><b4 评价方式>这 3 个概念可以归入【教师应用现状】。最后通过进一步提炼归纳范畴之间的逻辑关系,归纳出"核心范畴",例如,[学校和平台支持]归入【支持因素】,[教师应用现状]归入【教师因素】。最终,得到【教师因素】【学习者因素】【技术因素】【支持因素】等 4 个核心范畴,下属有 12 个范畴。预留的 2 名教师的数据用于理论饱和性检验,进行了同样的编码过程。重复上述步骤后没有发现新的"概念",由此可以判断在理论上达到饱和。

第三步:选择性编码

主要目的是梳理"核心范畴"之间的关系,构建影响因素的框架图。该步骤在下文中具体陈述。

11.3.2　核心范畴的构成

通过对数据的两次编码,提取出如下表 11.2 中的高校一线日语教师信息技术应用的影响因素。核心范畴【教师因素】下包括 4 个范畴,分别是[教师信念和态度][教师发展需要][教师应用现状][教师层面障碍]。核心范畴【学习者因素】下包括 3 个范畴,分别是[学习态度][学习者现状][学习者层面障碍]。核心范畴【技术因素】下包括 2 个范畴,[应用优势][技术层面障碍]。核心范畴【环境因素】下包括 3 个范畴[学校和平台支持][同行教师支持][学校层面障碍]。

表 11.2   影响教师应用信息技术的因素

核心范畴	范畴	概念
教师因素	教师信念和态度	教师对信息技术应用的信念
		教师对信息技术应用的态度
	教师发展需要	教师的个人实践需要
		个体发展的需要
	教师应用现状	应用信息技术的工具和平台（超星、雨课堂等）
		在线课程资源建设、在线教学活动设计、在线授课方式
		评价方式（增加线上成绩占比、过程性评价有依据）
	教师层面障碍	来自教师年龄、教育背景等个人属性的障碍
		来自教师的时间精力、工作量等客观因素的障碍
学习者因素	学习态度	对线上学习、混合式学习的态度
	学习者现状	对新技术的接受程度
		学习能力、学习风格、学习环境等
	学习者层面障碍	个人经济情况
		自主学习能力不足
		混合式教学方式导致学习负担加重
技术因素	应用优势	有用性、易用性显著
	技术层面障碍	平台功能、兼容性有待提升
		网络条件受限
		与日语学科、外语学习的适配性有待加强
环境因素	学校和平台支持	制度和经费支持（行政部门完善相关政策、引进课程资源、组织教师培训、申报精品课程、教改立项、课程上线、配备助教等）
		软硬件支持（建设智慧教室、提供和维护各类软硬件）
	同行教师支持	同行教师的帮助和支持（加入团队、慕课建设、课件制作、经验交流）
	学校层面障碍	学校与平台沟通不畅
		制度与经费投入不足
		教师培训精细化有待提高

11.3.3　选择性编码

选择性编码是将轴心式编码过程形成的核心范畴进一步进行关联,分析核心范畴之间的关系。其相互关系总结如图 11-2。4 个核心范畴中,【教师因素】是信息技术应用的核心环节,直接影响教师的信息技术应用行为。【技术因素】是条件因素,是引发教师信息技术应用的契机。【支持因素】包括[学校和平台支持][同行教师支持]等,对教师的信息技术应用起到了支撑作用,调节其应用的效果。【学习者因素】对教师信息技术应用起到反馈和激励作用。后 3 个因素作用于【教师因素】,对教师的信息技术应用行为直接或者间接地起作用。同时,各个因素里都有阻碍信息技术应用的"障碍",作为不同层面的障碍,归入各个核心范畴下。"障碍"在图中使用虚线框,用来区分与积极因素的不同。

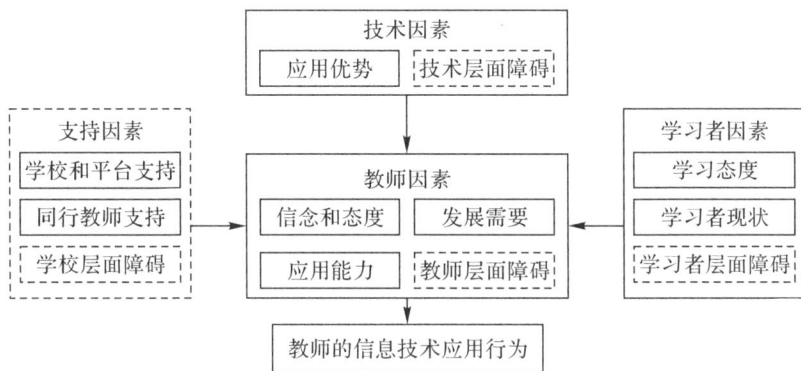

图 11-2　教师信息技术应用影响因素的关系图

■11.4　影响因素的作用机制

11.4.1　教师因素

本小节对各个影响因素的作用机制进行具体分析。核心范畴【教师因素】对教师的信息技术应用行为起决定性作用,包括[教师信念和态度][教师发展需要][应用现状][教师层面障碍]等 4 个范畴。

[教师信念和态度]是教师是否应用信息技术的决定性因素,包括<教师对信息技术应用的信念><教师对信息技术应用的态度>两个概念。已有研究发现,在相关条件因素的影响下,教师的意愿越强、态度越积极,越容易呈现出信息技术

应用行为；缺乏意愿、态度消极的教师难以在信息技术与线上线下的课程整合方面取得令人满意的效果（张哲 等，2018）。本研究也得出了同样的结论。例如，"我觉得用信息化手段就是为了提高我的课堂，或者我这个课程的教学效果。有了这个目标，就会思考如何把信息化更好地为我所用（T12）。"T12 较早开始建设慕课，使用超星等平台开展线上线下混合式教学超过 6 年，且在全国范围内都有辐射作用，"现在全国有 100 多所高校的老师都下载了我们的教学示范包，建课使用"。可见，T12 对于信息技术的应用有明确的目标和积极的态度，较早开展信息技术应用且有成效。还有教师认为积极应用信息技术是基于自己的性格和兴趣。例如，"每个老师的性格不同，拿我自己来说，我是很早就自己去弄这个了，觉得挺有意思的（T10）"，"我虽然是个女老师，但是我对教育技术、机器方面的东西还是比较好奇。参加这种信息化培训的话，我还是挺有兴趣的（T4）。"

相反，有受访者指出，有些年龄偏大的教师态度消极，难以积极运用信息技术。例如，"有一些近几年要退休的老师，他们不用信息化手段的，不管怎么培训或者号召，还是不用（T4）。"

在使用信息技术方面积累了一定经验的教师，能够理性地看待技术在教学实践过程中的作用，而不是将信息技术作为不得不使用的工具。例如，"其实信息化教学，它只是技术而已，是需要为你的教学去服务的一个工具而已。如果说我只是利用了信息化教学，但是实际上它的效果并不是很好的话，我觉得不利用都没有关系。最重要的还是教师自己的教学理念如何去激发学生的学习热情，让学生有自己终身学习的内驱力，教会他们学习方法，是最重要的（T7）。"同样，认为信息技术提高了教学效果的 T12 也认为"不能为了用而用，为了用而去用的话，学生会产生抵触，老师会觉得有负担，同时特别耽误时间，会降低教学效率和学习效果"。本研究中的 T7 和 T12，在信息技术教学方面有丰富经验，对于基于何种目的使用技术有明确的判断。

有研究指出，很多教师仅仅将讲授式课堂从线下搬到线上，仍然是灌输多、交互少，展示多、探究少（翟雪松 等，2020）。本研究发现，在信息技术应用方面有丰富经验的教师会结合具体的教学情境，对信息技术的使用进行理性判断。教师有意愿使用信息技术，并不意味着对信息技术有用性的全面肯定，使用信息技术态度积极，也并不是在所有教学场景下无条件地使用。

【教师发展需要】包括＜教师的个人实践需要＞＜个体发展的需要＞这 2 个概

念。高校日语教师会基于个人的教学实践需要应用信息技术。例如,"这个智慧教室肯定是光听理论性的东西你是没有办法去快速地去掌握它的使用技巧的,所以真正这个智慧教室用起来,可能还是要靠老师在实际上课的过程当中自己摸索出来(T3)。"也有教师使用信息技术的契机是基于教学科研和专业发展需要。例如,"其实我自己学雨课堂的时候还是花钱去学的。我当时学雨课堂是为了写教改论文,我希望数据能留下来。这是我当时学雨课堂的一个很重要的动力(T7)。"

[应用现状]包括<应用信息技术的工具和平台><在线课程资源建设、在线教学活动设计、在线授课方式><评价方式>等概念,是所有受访者都提及的部分。例如,"疫情来了之后不管你认为难还是不难,就像把大家推向大海,只能游了,所以一下子所有的老师就都会了(T8)。"在平台上传学习资料、利用线上资源开展混合式教学、线上考勤、布置线上作业并评分反馈等,是所有受访者提及的应用现状。此外,信息技术的应用使得过程性评价的比例增加,且呈现方式发生了变化,12 名受访者中有 10 人提及这个变化。如使用平台掌握学习情况,调整成绩占比提高学生重视程度等。"学生的朗读量明显不高,那我让学生朗读,录音上传到思源学堂(校内学习平台)上,然后我提前听一下,看有什么问题,上课的时候集中反馈一下。为了提高学生的重视程度,把这部分的分数占比提高,采用这样的方式督促他(T1)。"另外,在平台上进行考核,会让过程性考核更加客观、完整、精确。例如,"每次作业的分数可以反馈给学生,并在期末直接形成成绩,过程清晰完整(T5)。""应该是比以前的平时成绩要客观的多。原来是长期来看这个学生的整体表现,现在是精确到每一堂课(T3)。"

[教师层面障碍]主要包括两方面,首先是<来自教师年龄、教育背景等个人属性的障碍>。多位受访者指出高校日语教师由于教育背景或者年龄等因素,使用信息技术时出现了诸多问题,如不能顺利使用信息化工具、在信息化比赛中没有优势。例如,"经常能在技术服务的微信群里面看到外语学院的老师提问题,别的学院的老师好像没有那么多问题。这个跟教育背景可能关系比较大(T9)。"也有受访者提及教学研究,指出由于教育背景的限制,无法利用线上数据进行研究,转化为科研成果等。例如,"线上有很多数据,但是不知道该用什么样的方法进行分析,转化成科研成果。教育技术学科的老师,很多师范院校的老师比较擅长这个,我自己自身的教育背景的原因,不太了解那个领域,所以这方面比较弱(T1)。"

其次是<来自教师的时间精力、工作量等客观因素的障碍>。由于时间有限等客观原因,教师无法同时兼顾校内学生和慕课学习者,没有时间和精力尝试使用平台的所有功能,没有精力参加信息化培训等。例如,"像这次更新引入了好多视频,现在也在做后期的剪辑,其实真的很花时间和精力,基本上得要几个月吧,没时间去尝试平台的其他功能(T2)。"

11.4.2　学习者因素

核心范畴【学习者因素】对教师信息技术应用起到反馈和激励作用,是间接影响教师信息技术应用的因素,包括[学习态度][学习者现状][学习者层面障碍]3个下属范畴。[学习态度]指学习者对线上学习、混合式学习的态度,[学习者现状]表示学习者对信息技术的接受程度以及学习能力、学习风格、学习环境等。受访者普遍认为,学习者更加适应应用信息技术的教学模式,喜欢多模态的信息呈现方式,且擅长使用技术获取和理解信息等。例如,"学生整体来说对线上加线下混合式学习方式感到满意(T1)。""我觉得它更符合现在学生的特点,因为毕竟学生在生活中或者在娱乐中接触屏幕的时间是很长的(T6)。""他们肯定会快很多,他们确实收集信息的能力特别强。这种新兴事物对他们来说,接受起来也是无障碍的(T5)。"

[学习者层面障碍]包括＜个人经济情况＞＜自主学习能力不足＞＜混合式教学方式导致学习负担加重＞这3个概念。信息技术的应用受制于学习者个人经济条件。例如,"(线上授课)当然要考虑到大家经济状况不太一样,我觉得也要考虑就是有些学生的这种困难和落差(T2)。"同时,受访者认为线上授课方式对学习者自律性要求更高,部分学习者缺乏自觉性,需要多种方式的提醒和督促。例如,"他更容易摸鱼啊,你就没办法掌控他到底在干吗,全靠学生的自我约束(T2)。""我就觉得有的学生就感觉比较自由散漫。有的时候上线上课,在跟读的20分钟,他们的麦克风忘关了,就听里面那个声音五花八门,有的学生确实是在读,有的学生就在听英语什么的,这个也是比较难控制的一点(T11)。"在线上线下混合式教学模式中,线上部分的学习依赖于学生的自律性,导致学习效果有较大差异。

11.4.3　技术因素

【技术因素】包括[应用优势][技术层面障碍]2个下属范畴。受访者均表示体会到了信息技术应用的优势,主要指向有用性和易用性两个特点。有用性主要体现在功能的设置能满足教学需求,可以提升教学效率。例如网络资源丰富、智慧教室有利于语言实践、成绩有记录、可追溯,将过程性评价可视化等。例如,"比如说它有 EDU 库的交互平台,学生做的作业可以通过他们的客户端就直接投屏到这个智慧教室的那个大屏幕上。还有一些就是,比如说还可以利用智慧教室和我们的这个线上课程资源直接相结合。然后还有那个西沃白板,白板里面他有的时候是可以增加一些趣味性的游戏,我们偶尔也做这种相关的一些练习(T3)","我们现在在线下课上活动的时候也可以用超星平台,在教室里面对面,学生发言之后,用超星的交互评分、讨论功能(T12)。"

易用性体现在信息技术工具的操作方面。例如,"(平台)界面也比较人性化,自己操作就很简单(T9)"。有的平台可以和常用的社交软件联动使用,增强了易用性。例如,"雨课堂我们有几个老师喜欢用,因为它通过微信就可以直接用,操作起来比较方便(T12)。"有受访者提及多终端的使用,例如,"它有手机端 App,做的系统也非常好。不论电脑端还是手机端我都觉得特别方便(T9)。"

[技术层面障碍]包括 3 个概念,其一是＜平台功能、兼容性有待提升＞,其二是＜网络条件受限＞,其三是＜与日语学科、外语学习的适配性＞有待加强。受访者指出,日常授课时常需要穿插小测试、小练习(听写、翻译),目前有些平台的功能无法满足教学的需要,或者反应不够迅速和灵活等。例如,"那个平台是没有办法上传音频的,像这个对于语音的学习来说其实挺不利的(T1)","像超星平台,它有一些功能太复杂了,用起来比较困难(T11)。"网络条件给教学带来的影响比较普遍,例如,"我看学生发的朋友圈说学校网络又崩了,今天上网课怎么办(T4)","学校网络不好的时候,本来准备的东西可能一时半会儿连接不上这种情况还是有的(T5)。"

在信息技术与外语学习的适配性方面,大部分受访者认为日语课堂需要大量语言实践,而单纯的线上课程无法满足授课需要。主要体现在线上授课以及慕课教学交互性差,无法瞬时监测到每个学生发音、朗读、背诵情况,不利于语言学习。例如,"线上交互我觉得是一个非常大的问题(T1)","像医学院的老师,可能就是对图片的使用,或者是解析功能要求很高。像外语这边的话,可能就对交互的要求很高,平台还不能完全满足需求(T2)"。也有受访者提到线上交互成功的案例,例如,"我觉得很有意思的是,不用我特意去说什么,好多学生就会自己在上面交互。比如说我出的题,有同学去回答了,那个同学答不对的时候,还有其他同学就会去给他讲。也有的时候,他们甚至不围绕着我的话题,他们自己找的话题也就展开讨论了(T7)。"线上交互的成功案例可能与教学内容、评价方式等教学设计环节有关,今后应该进一步积累和分享这样的成功案例,为线上学习增加有效交互提供参考。

从受访者的表述可以发现,教师一方面感受到了信息技术应用带来的好处,另一方面在实践过程中发现了不能满足教师和学生需求的问题,他们希望发挥线上课堂资源丰富、获取自由的优势,更好地融入线下课堂,同时加强交互性,提升语言实践的效果。

11.4.4 支持因素

【支持因素】包括[学校和平台支持][同行教师支持][学校和平台层面障碍]等3个下属范畴。[学校和平台支持]包括制度和经费支持(行政部门完善相关政策、引进课程资源、组织教师培训、支持教师申报精品课程、设立教改项目、协调课程上线、配备助教等),以及软硬件支持(建设智慧教室、提供和维护各类软硬件)。

教师要想推进信息技术在教学中的应用,行政支持必不可少。行政支持首先体现在为教师提供成长平台与机会方面。教师为提升自身信息技术应用能力,有必要参加专业培训。所有受访者都参加过所在学校或者平台组织的校内培训活动,或得到了外出培训的机会。受访者在参加培训后,产生了使用技术的积极意愿。例如,"学校就是各种各样的培训呀、进修呀组织得挺多,然后讲座也很多。老师如果有这个意愿的话,要想学习要想提升,学校的机会是挺多的(T1)","我们经常会开比如说慕课,或者是信息化教学什么的培训,是个良性刺激(T5)。"

其次,在课程资源开发方面,也需要行政部门提供经费、设备、人员,以及统筹组织等方面的支持。例如,"这个是属于申请了学校的那个在线慕课项目,然后立项了(T1)","我们今年买了那个VIP,就相当于是企业认证的会员,把学生的学籍什么的导进去了(T4)","其实学校对于课程建设是非常重视的。每年真的是拿了很多的资金来做课程建设的……课程在建设过程中,是有项目经费支持的(T8)。"

[同行教师支持]也是引导教师使用信息技术的重要契机。教师在看到同行教师在教学实践中有改变或创新时,或受其启发对信息技术应用于教学产生兴趣,或在同行教师的帮助下接触新的信息技术或者在团队中与同事共同完成相关项目。例如,"当时X老师提醒我去参加了(慕课录制)以后,在实际做的过程中,我觉得是挺有收获的(T2)","我们的团队非常庞大……大家把内容分解开,前期准备工作

是花费了一些时间,设计好了之后就是各自做各自的过程。渐渐的,我们觉得为了保证学生能在课堂学习之前,通过线上预习教学视频,并且老师能够去检验学生的预习成果,我们团队又设计了课前测试题。老师们比较有干劲,人也比较多,所以就把这个项目做起来了(T12)。"

[学校层面障碍]首先来自学校制度、资金、教师培训、视频制作等方面的障碍。没有制度保障会对教师的信息技术应用带来消极影响。例如,"智慧教室我这个学期有在用,唯一的就是申请教室比较麻烦,因为教室数量没有太多,每次都要申请(T6)"。缺乏足够的经费支持会造成障碍。例如,"如果要这种点对点的服务的话SPOC,需要另外收费,学校没有买,所以就完不成这个东西(T4)"。没有及时提供培训造成障碍。例如,"我们学校当时那个疫情期间在线上课并没有一个集中的培训,就是让自己来选择平台(T3)"。对教师和课程的评价没有考虑到信息技术应用的特点也是[学校层面障碍]之一。例如,"虽然现在是采用了信息化教学,但是像学校的对于老师的考核呀包括一些听课制度的制定实施,其实还是按照传统的授课方式在进行的(T3)"。也有来自视频制作方面的障碍,例如,"跟制作公司关于后期的交涉是一个比较费时费力的过程,他们不懂日语,要反复修改(T9)"。当遇到来自外部环境的阻碍因素,教师常常无法靠自身力量去解决,而不得不放弃使用或减少使用。

11.5　信息化背景下高校日语教师专业成长的路径

上文通过分析采访数据,明确了影响高校日语教师信息技术应用的因素,以及这些因素的作用机制。本小节讨论信息化背景下高校日语教师专业发展的路径。

尹智鉉、岩崎浩与司(2018)指出,教师在应用信息技术时,存在使用的"契机",应用信息技术的经验,会成为下一次判断的依据,依次循环往复。笔者参考数据分析结果,勾勒了信息化背景下高校日语教师专业成长路径的框架。如图 11-3 所示,教师在自身的信念和态度、发展需要、应用现状等内部因素驱动下,在技术因素、学习者因素、支持因素等外部因素加持下,有可能会产生信息技术的应用意愿。信息技术应用意愿对教师应用行为的影响不可小觑,教师只有在理解信息技术应用的优势和必要性的基础上,才会产生应用意愿进而促进其应用行为。本研究受访者的案例显示,教师如果有改善教育现状的信念和专业发展的愿望,就能抓住信息技术应用于教学的"契机",历经多次教学实践的循环,更深刻地认识信息技术应用的优势和短板，从而获得实践性知识的提升和个人的专业成长。下面具体分析在教师专业发展过程中外部因素和内部因素的作用。

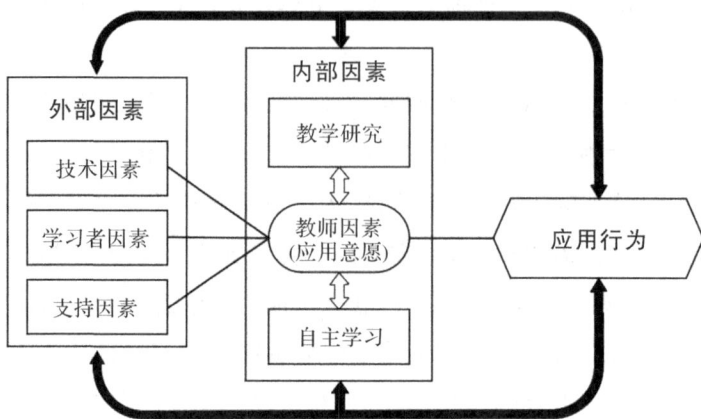

图 11-3   信息化背景下教师专业发展的路径

首先，外部因素中的技术因素是条件。有的受访者看到同行教师使用信息技术有了成效，自己也想去尝试使用技术来改变教学。有的受访者体会到信息技术在促进学生学习、辅助教师教学上的重要作用，从而更加积极地使用信息技术。这些案例显示出技术因素促使教师产生应用信息技术的欲望和意愿，进而促进了应用行为。

其次，学习者因素对教师信息技术应用起到反馈和激励作用。当下的学习者喜欢动画和视频，更加适应应用信息技术的教学模式，因此教师主动使用各类多媒体资源可以调动学习者的学习积极性。同时，学习者更适应音频、视频、网络等多模态的信息呈现方式，且擅长使用技术获取和理解信息，这也对教师的信息技术应用起到正向反馈作用。

再次，支持因素对教师的信息技术应用起到了支撑作用，调节其应用的效果。支持因素中同行教师的支持尤为关键。本研究受访者中的教师，在专家和同行教师的支持与帮助下接触新的信息技术，或者在团队中与同事共同完成相关项目，获得实践性知识和技能的提升。已有研究的调查显示，教师年龄越小，对信息技术改善教学、促进职业发展态度越积极，使用信息技术能力越强，但他们学科教学知识相对较弱（杨俊峰 等，2019）。杨峻（2021）的研究结果也显示，相比教龄 10 年以上的教师，年轻教师的信念显示出较强的进取取向。因此，教育信息化背景下，年轻教师在提升信息技术能力方面有更大的可能性,但是也更加需要专家和同行教师在学科教学知识方面的引领。专家引领-同伴互助-自我反思的教师专业发展模式,同样也会在信息技术应用于教学的过程中发挥重要作用。

信息化背景下高校日语教师的专业成长,除了专家和同行教师的支持与帮助之外,充足稳定的行政支持,也是必不可少的条件。本研究的受访者有的通过学校提供的研修机会了解并实践信息技术应用,有的在经费支持、课程立项的推动下开展教学资源建设和教学改革,充分显示了行政支持是教师能否顺利进行信息技术应用的关键外部因素之一。

以上讨论了信息化背景下教师专业发展过程中的外部因素,除此之外,源于教师自身的内部因素对教师的专业发展也发挥重要作用。本研究的受访者"学中做""做中学",在参与课程建设、探索混合式教学等新型的教学模式等方面,显示了教师专业发展中"自主学习、主动反思"的积极作用,是教师扩展个体的实践性知识和能力的范例。本研究的受访者对于信息技术应用都持积极和正向态度。其中 T1、T7、T9、T12 等四位教师均有五年以上的信息技术应用经验,或建设、运营慕课多轮,或承担国家级或省级一流课程的建设,对信息技术应用有较深刻的认识,在日语教育领域的信息技术应用方面起到了示范作用。他们不仅使用多个平台、多种工具,将不同平台和工具服务于不同的授课对象和授课内容,还能够理性地看待信息技术在教学实践过程中的作用,基于教学目标有选择地使用平台和工具。例如,前面所述的受访者 T7,对自己的教学信念有清晰的认识:"其实信息化教学,它只是技术而已,是需要为你的教学去服务的一个工具而已。……最重要的还是教师自己的教学理念如何去激发学生的学习热情,让学生有自己终身学习的内驱力,教会他们学习方法,是最重要的"。从访谈可以推测出受访者应用信息技术的整合能力较强,会结合具体的教学情境,对信息技术的使用进行理性判断。

另外,除了"自主学习,主动反思",开展教学研究也是提升教师专业能力、助力教师专业成长的有效途径,这一观点已经被大量的研究证实,在信息技术应用方面也不例外。例如有受访者提到,使用雨课堂的最初目的是收集学习者的学习数据。信息化背景下技术工具和课程平台提供了海量数据,包括学习者的学习轨迹、学习行为,学习者对课程的评价等。利用这些数据,可以对学习者的学习偏好、学习成效进行分析,还可以利用学习者的评价数据对课程质量评价指标进行研究(张文丽等,2022)。这样的教学研究有助于解读在线外语学习的复杂性和动态性,也有助于教师更深入地了解学习者个体与教学情境的交互过程，从另一个角度反思自己的教学。因此，用"教学也是学术"的理念指导教师的职业发展（李霄翔，2019），鼓励教师参与教学研究非常必要。同时，教学研究不应该止于个人的探索，通过展示信息技术与外语教学融合的具体案例，有利于探索信息化背景下外语教学的有效模式并进行推广（曹红荃 等，2021）。

在线教育的发展带来的信息技术应用趋势，以及大面积在线授课现状，使得教师不得不直面变革。在外部因素和内部因素的共同作用下，教师通过应用信息技术，引发对教学理念、教学行为等方面的思考，并导致教师在观念、认知、行为上的改变，最终获得专业发展。

11.6 结语

本研究对有信息技术应用经验的高校日语教师进行访谈调查，通过基于扎根理论的质性分析，讨论了影响信息技术使用的因素及其作用机制，描绘了信息化背景下高校日语教师专业发展的路径。研究发现，教育信息化的大趋势和在线授课的现实需求不仅对日语教师的信息技术应用提出了更高要求，也成为提升教师教学水平、促进教师专业发展的重要契机。教师在外部因素和内部因素的共同作用下，通过应用信息技术，引发对教学理念、教学行为等方面的思考，并导致教师在观念、认知、行为上的改变，最终获得专业发展。高校日语教师在应对教育信息化过程中自主反思，积极行动，不仅促进自身在教学实践过程中的专业发展，另一方面也有利于促进日语教育质量的提升。

数据分析结果也显示，教师自身的专业发展和能力建设只是推进信息技术应用的一个层面，来自学校的行政支持是促进信息技术应用的重要推手。今后的行政支持应该注重以下三个方面的制度建设：第一，本研究的结果显示，高校日语教师的信息技术应用还面临来自学校资金、教师培训、视频制作等方面的障碍，因此，高校要加大人力、财力、物力方面的投入。第二，高校外语教育信息化成效评价指标的缺失，是一个亟待解决的问题。为了促进教师在信息化背景下获得专业发展，不仅要考虑在线授课和混合式教学背景下课堂的特点，制定相应的教学评价标准，对教师的考核指标也应该涉及信息技术应用的相关方面，激发教师个人学习与能力提升的积极性和主动性。第三，建立虚拟的教师发展共同体，通过专家和骨干教师的引领和辐射效应，带动和帮扶广大一线教师学习交流，共同进步（蔡静 等，

2021)。本研究获得的重要启示就是,让教师在团队中获得成长。尤其对于年轻教师,组建团队共同建设教学资源,改革教学模式,在实践过程中引导团队成员反思(朱桂荣,2021),是年轻教师获得快速成长的有效途径。

科技的加速发展赋能外语教学,为教师提供更加良好的技术生态。借力信息技术,可以减少教师的机械性、重复性工作,给教师带来更大的发展空间。今后的研究一方面应该扩大受访者规模,验证随着技术进步可能出现的其他因素。另一方面,可以利用问卷调查、课堂观察等手段获得多元数据,多角度验证外语教育中信息技术应用的影响因素和相互作用,提供教师专业发展的整体解决方案。

最后,必须强调的是,教育信息化背景下,一定要警惕对教师"唯技术论"的期待。并非在教学中应用了信息技术,就意味着教学效果的提升、学生对教学满意度的提升。只有对学生面临的真实问题和需求进行思考,对教学目标和学习情境有清晰认知的教师,才会在教学资源和教学工具极大丰富的当下,不被工具所约束,不成为技术的奴仆。以人文关怀为原则、尊重学生真实需求、适度取舍技术的"人文化教育技术能力"对教师而言非常关键(李芒 等,2022)。本研究的受访者 T7 基于自身教学信念,对教育信息技术应用的深刻反思,就是人文化教育技术能力的具体体现。在提升信息技术应用能力的同时,时刻不忘人文关怀,才是教师获得专业发展的理想状态。

参考文献

安哲锋,张峰峰,2018.MOOC 学习质量立体模型的构建研究:基于学习者体验视角的研究[J].成人教育,38(6):18 - 23.

毕磊,朱祖林,郭允建,等,2017.我国远程教育研究 2016 年度进展报告[J].远程教育杂志,35(5):15 - 26.

蔡静,张帅,唐锦兰,2021.我国高校外语教育信息化主要问题调查[J].外语与外语教学(1):76 - 83,147 - 148.

曹红荃,张文丽,2021.基于《大学日语》慕课的 SPOC 混合式教学实践研究[J].高等日语教育(1):31 - 45,163 - 164.

陈丽,2004.网络异步交互环境中学生间社会性交互的质量:远程教师培训在线讨论的案例研究[J].中国远程教育,(13):19 - 22.

陈丽,2021.在线教育原理[M].北京:北京师范大学出版社:294.

陈丽,仝艳蕊,2006.远程学习中社会性交互策略和方法[J].中国远程教育(8):14 - 17,78.

陈娟菲,郑玲,高楠,2019.国内主流 MOOC 平台交互功能对比研究:基于教学交互层次塔理论[J].中国教育信息化(1):26 - 29.

戴朝晖,陈坚林,2016.基于慕课理念的大学英语翻转课堂影响因素研究[J].外语电化教学(6):35 - 41.

邓小霞,徐刘杰,2016.大规模开放在线课程学习交互效果研究[J].现代教育科学(7):67 - 74.

方旭,崔向平,杨改学,2016.慕课学习支持服务满意度研究:基于结构方程模型的视角[J].开放教育研究,22(5):76 - 85.

甘容辉,何高大,2016.大数据时代学习分析与外语教学研究展望[J].外语电化教学(3):40 - 45.

高地,2014.MOOC 热的冷思考:国际上对 MOOCs 课程教学六大问题的审思[J].

远程教育杂志,32(2):39-47.

顾欢欢,陆凯,2017.我国外语教学中慕课(MOOCs)相关研究综述[J].湖北函授大学学报,30(10):146-148.

韩兰灵,时春慧,2021.基于 SPOC 模式的日语教学评价与学习效果研究[J].外语学刊(5):104-109.

韩艳辉,2019.国内慕课建设评议:兼论外语类课程的慕课适用性[J].外语电化教学(5):33-38.

何克抗,2004.从 Blending Learning 看教育技术理论的新发展[J].中小学信息技术教育(4):21-31.

胡杰辉,伍忠杰,2014.基于 MOOC 的大学英语翻转课堂教学模式研究[J].外语电化教学(6):40-45.

胡杰辉,李京南,伍忠杰,2016.外语翻转课堂教学有效性影响因素实证研究[J].中国外语教育,9(3):3-10.

胡杰辉,2020.大学外语教育信息化 70 年的理论与范式演进[J].外语电化教学(1):17-23.

胡杰辉,2021.混合式外语教学的理论内涵与研究范式[J].外语界(4):2-10.

胡伟,2019.国内日语慕课的建设现状及对策:兼论早稻田大学日语慕课的启示[J].厦门城市职业学院学报,21(2):38-44.

黄璐,裴新宁,朱莹希,2017.MOOCs 课程质量影响因素的实证研究[J].现代远程教育研究(5):78-86.

黄璐,裴新宁,朱莹希,2020.在线课程内容质量评价指标体系新探:基于学习者体验和知识付费的视角[J].远程教育杂志,38(1):104-112.

黄开胜,周新平,2017.我国外语类慕课的建设与应用现状调查[J],现代教育技术,27(12):88-93.

黄婷婷,陆元明,2015.基于学堂在线的 MOOC 平台学习者互动行为研究[J].教育信息技术(Z2):43-45.

贾光茂,方宗祥,2009.激活最近发展区:大学英语课堂交际活动中教师及同伴支架作用研究[J].西安外国语大学学报,17(3):84-87,91.

教育部高等学校外国语言文学类专业教学指导委员会,2020.普通高等学校本科外国语言文学类专业教学指南[M].北京：外语教学与研究出版社.

教育部高等学校大学外语教学指导委员会日语组,2021.大学日语教学指南(2021版)[M].北京：高等教育出版社.

姜蔺,韩锡斌,程建钢,2013.MOOCs 学习者特征及学习效果分析研究[J].中国电化教育(11):54-59,65.

蒋艳、胡加圣,2018.基于 SPOC 的大学英语翻转课堂大规模教学运行机制研究[J].外语电化教学(8):9-15,29.

康叶钦,2014.在线教育的"后 MOOC 时代"：SPOC 解析[J].清华大学教育研究,35(1):85-93.

孔蕾,秦洪武,孔艳艳,2022.信息技术驱动的外语一流课程质量保障体系建设[J].外语教学与研究,54(4):569-579,640.

冷丽敏,2021.高校日语教师专业发展路径探索与模式构建[J].日语学习与研究(3):67-74.

冷丽敏,郭朝暾,2022.国内近二十年间日语二语习得研究现状分析[J].日语学习与研究(6):104-114.

李建生,张红玉,2013.网络学习社区的社会性交互研究：教师参与程度和交互模式对社会性交互的影响[J].电化教育研究,34(2):36-41.

李芒,张华阳,石君齐,2022.第四次工业革命时代的教师角色"转型"[J].开放教育研究,28(2):45-53.

李爽,王增贤,喻忱,等,2016.在线学习行为投入分析框架与测量指标研究：基于 LMS 数据的学习分析[J].开放教育研究(2):77-88.

李霄翔,2019.教育信息化与高校外语教师职业发展：挑战与对策[J].中国外语,16(6):4-9.

李文,杜娟,王以宁,2018.信息化建设薄弱地区中小学骨干教师信息技术应用能力影响因素分析[J].中国电化教育(3):115-122.

李欣,张威,2022."多元交互"在线教学评价指标体系构建的内涵、框架及路径[J].现代教育管理(10):101-107.

李兴旺,2015.案例研究好方法：扎根理论[EB/OL].(2015-02-27)[2023-06-30].http://www.docin.com/p-1074005008.html.

林秀钦,黄荣怀,2009.中小学教师信息技术应用的态度与行为调查[J].中国电化教育(9):17-22.

刘海霞,2012.母语为粤语的初高级日语学习者的塞音习得分析[J].解放军外国语学院学报,35(3):25-29.

刘和海,李起斌,张舒予,2016.基于 Edutools 评价体系的中文 MOOC 平台现状与优化策略[J].电化教育研究,37(1):84-90.

刘黎虹,2018.建构主义理论下的慕课学习评价研究[J].漳州职业技术学院学报,20(4):22-26.

刘三女牙,石月凤,刘智,等,2017.网络环境下群体交互学习分析的应用研究:基于社会网络分析的视角[J].中国电化教育(2):5-12.

刘三女牙,刘智,高菊,等,2016.慕课环境下学习者学习行为差异性分析研究[J].电化教育研究,37(10):57-63,69.

刘婷,陈瑶,2019.慕课支持下的混合式教学模式实验研究:以"实用日语(上)"慕课为例[J].现代教育技术,29(12):55-60,40.

刘震,陈东,2019.指向深度学习的混合式慕课教学模式探究:以"马克思主义基本原理"慕课为例[J].现代教育技术,29(5):85-91.

刘震,陈东,2019.近二十年国外在线继续教育研究综述:基于 Citespace 的可视化分析[J].清华大学教育研究,40(4):123-132.

洛林·W.安德森,2009.布卢姆教育目标分类学修订版[M].蒋小平,张琴美,罗晶晶,译.外语教学与研究出版社.

马金钟,马森,2019.基于学习者视角的国内主要 MOOC 平台比较研究[J].延边大学学报(社会科学版),52(4):104-110,143.

玛丽·索普,肖俊洪,2014.在线交互:论坛使用策略的重要性[J].中国远程教育(7):15-23,95.

马秀麟,苏幼园,梁静,2018.移动学习环境中注意力保持及学习行为控制模型的研究[J].远程教育杂志,36(2):56-66.

马艳云,2017.大学生学习慕课的现状及心理分析[J].中国特殊教育(7):81-85.

马武林,李艳,蒋艳,2014.国际 MOOCs 教学设计优势及其问题分析:以美国杜克大学"英语写作 I:获取专业知识"为例[J].电化教育研究,35(9):43-46.

马武林,刁阳碧,王珏,2021.大学英语混合式一流课程建设探索与反思[J].外语电化教学(6):94-102,15.

毛文伟,2012.中介语表达失当现象的考察与归因:一项基于中国日语学习者语料库(CJLC)的研究[J].日语学习与研究(3):56-62.

钱小龙,盖瑞·马特金,2017.加州大学欧文分校慕课商业模式的客户关系解析[J].现代远距离教育(4):75-83.

秦丽莉,王绍平,刘风光,2015.二语习得社会文化理论研究的学科归属与理念[J].东北师大学报(哲学社会科学版)(1):193-196.

邱均平,欧玉芳,2015.慕课质量评价指标体系构建及应用研究[J].高教发展与评估,31(5):72-81,100.

屈社明,2019.国内高等外语教育翻转课堂研究:基于 CSSCI 外国语言学类来源期刊论文的内容分析[J].外语电化教学(3):62-68.

R. W. 加涅,2018.教学设计原理[M].华东师范大学出版社.

史慧姗,郑燕林,马芸,2017.MOOC 论坛教师参与度对学生参与的影响研究[J].现代远距离教育(6):47-56.

孙田琳子,沈书生,2017.影响 MOOC 学习者持续学习的原因分析:基于 CNKI 2011—2016 年实证研究的综述[J].中国远程教育(10):55-62,80.

孙洪涛,李秋劼,郑勤华,2016.MOOCs 交互模式聚类研究[J].中国远程教育(3):33-38.

孙洪涛,郑勤华,陈丽,2016.中国 MOOCs 教学交互状况调查研究[J].开放教育研究,22(1):72-79.

孙莉,张文丽,许大炜,2020.外语类慕课中的交互现状研究:以《大学日语》为例[J].当代教育实践与教学研究(7):13-14.

孙晋露,2014.日本对于慕课的初次尝试[J].课程.教材.教法,34(6):126.

孙先洪,张茜,邵越,等,2021.外语慕课平台自适应性评价指标验证研究[J].外语电化教学(1):66-70,11.

覃军,2019.技术驱动学习 打造外语"金课":外语类国家精品在线开放课程建设现状、问题及对策研究[J].外语电化教学(7):55-61.

覃军,向云,2020.我国翻译在线开放课程现状及对策研究:基于新冠肺炎疫情期间在线教学的反思[J].翻译教学,41(4):67-75.

田阳,冯锐,韩庆年,2017.在线学习社交行为对学习效果影响的实证研究[J].电化教育研究,38(3):48-53.

田丽丽,周羽,2022.在线英语写作课程多元反馈吸收研究[J].外语与外语教学(1):95-104,150.

童小素,贾小军,2017.MOOC质量评价体系的构建探究[J].中国远程教育(5):63-71,80.

王琪,2015.翻转课堂与高等院校日语专业教学模式改革[J].东北亚外语研究,3(3):58-63.

王璐,赵呈领,万力勇,2017.基于扎根理论的在线开放课程质量评价指标体系构建研究:以国家精品资源共享课为例[J].中国远程教育(11):70-76.

王今,赵新平,2018.高师院校英语专业混合式教学模式研究[J].教育理论与实践,38(30):45-47.

王海啸,2022.大学英语教师信息素养框架与核心内涵初探[J].外语电化教学(6):31-38,106.

王慧敏,陈丽,2019.cMOOC微信群社会网络特征及其对学习者认知发展的影响[J].中国远程教育(11):15-23,92.

王蔷,2002.英语教师行动研究:从理论到实践[M].北京:外语教学与研究出版社.

王忻,2006.中国日语学习者偏误分析[M].北京:外语教学与研究出版社.

文秋芳,2015.构建"产出导向法"理论体系[J].外语教学与研究,47(4):547-558,640.

文秋芳,2008.评析二语习得认知派与社会派20年的论战[J].中国外语(3):13-20.

吴砥,李玲,吴龙凯,2023.高等教育数字化转型的国际比较研究[J].国家教育行政学院学报(4):27-36.

吴琳,张萍,2020.日语专业大学生学习态度对学习投入的影响及大数据时代下教育改革对策[J].黑龙江高教研究,38(1):111-115.

吴林静,马鑫倩,刘清堂,等,2021.大数据支持的慕课论坛教师干预预测及应用[J].电化教育研究,42(7):47-53.

吴岩,2018.建设中国"金课"[J].中国大学教学(12):4-9.

吴岩,2022.锻造中国"金师"[J].中国高等教育(24):13-18.

吴菲,郭进,2023.影响大学生英语慕课参与稳定性和迁移性的问题轨迹分析:基于 edX 平台的一项历时研究[J].外语电化教学(1):44-52,111.

伍艳,2019.基于混合学习模式的学习者学习投入研究[D].四川:四川师范大学.

修刚,朱鹏霄,2015.日本 MOOC 的发展及对中国 MOOC 建设的启示[J].日语学习与研究(6):49-55.

徐彬,张昱,李封,2015.MOOC 课程论坛中学习者论坛交互网络结构特征分析[J].计算机教育(15):23-35.

徐彬,杨丹,张昱,李封,等,2015.基于学习者行为特征的 MOOCs 学习伙伴推荐[J].计算机科学与探索,9(1):71-79.

徐锦芬,曹忠凯,2010.国内外外语/二语课堂互动研究[J].外语界(3):51-59.

徐锦芬,2016.大学英语课堂小组互动中的同伴支架研究[J].外语与外语教学(1):15-23,146.

徐锦芬,李高新,刘文波,2021.线上线下融合情境下大学外语教师能力框架构建[J].外语界(4):11-18.

徐鹏,王以宁,刘艳华,张海,2015.教师信息技术应用能力迁移影响因子模型构建研究[J].开放教育研究,21(4):106-112.

徐亚倩,陈丽,2021.生生交互为主的在线学习复杂性规律探究[J].中国远程教育(10):12-18,38.

叶韦明,余树彬,2019.内容、态度与知识建构:线上学习社区中的交互质量研究[J].教育发展研究,39(17):52-57.

杨芳,魏兴,张文霞,2015.MOOC edx 讨论区的协作学习模式探析[J].外语电化教学(11):60-68.

杨港,戴朝晖,2021.大学生英语在线学习投入维度构成及影响路径分析[J].外语与外语教学(4):113-123,150-151.

杨峻,2021.高校日语教师专业发展现状研究:教师信念特征分析[J].日语学习与研究(3):75-82.

杨俊锋,2019.互联网时代教师知识的发展路径[J].课程.教材.教法,39(2):

120-125.

杨上影,沈竞,2017.教师如何学MOOCs:基于《微课设计与制作》课程的数据分析[J].现代远距离教育(5):50-57.

杨雪,姜强,赵蔚,2017.大数据分析与教育改革:对2016年第十五届教育技术国际论坛的思考[J].现代远距离教育(2):62-75.

杨永芳,2010.混合式教学模式在电大开放英语教学中的应用[J].广西广播电视大学学报,21(4):28-32.

杨晓宏,周效章,2017.我国在线教育现状考察与发展趋向研究:基于网易公开课等16个在线教育平台的分析[J].电化教育研究,38(8):63-69,77.

杨晓宏,郑新,田春雨,2021.线上线下混合式一流本科课程的内涵、建设目标与建设策略[J].现代教育技术,31(9):104-111.

于歆杰,2017.以学生为中心的教与学:利用慕课资源实施翻转课堂的实践[M].北京:高等教育出版社.

赵呈领,黄琰,疏凤芳,等,2020.学习体验视角下在线开放课程质量评价模型研究:以教师研修类课程为例[J].现代远距离教育(3):32-41.

赵华敏,2019.2018年度中国的日语教育研究综述[J].日语学习与研究(5):64-74.

赵宏,郑勤华,陈丽,2017.中国MOOCs建设与发展研究:现状与反思[J].中国远程教育,(11):55-62,80.

赵映川,2018.大学生慕课满意度及其影响因素的调查研究[J],高等教育研究,39(2):73-78.

赵春,李世瑾,舒杭,等,2020.混合学习投入度研究框架构建、机理分析及实证研究:活动理论的视角[J].现代远距离教育(6):69-77.

翟雪松,史聪聪,2020.《教育信息化十年发展规划(2011—2020年)》的实施现状、挑战与展望[J].现代教育技术,30(12):20-27.

詹泽慧,邵芳芳,范逸洲,等,2020.MOOC与教师专业化发展:积极老龄化的大数据发现[J].中国远程教育(6):40-51.

张洁,赵珂,2021.在线英语口语任务中的学习者体验研究[J].外语与外语教学(5):68-77,149.

张华,吴冰,2017.传播生态视域下伴生性传播研究[J].新闻界(12):51-57.

张海,崔宇路,季孟雪,等,2019.教师 ICT 应用影响因素模型与动力机制研究:基于扎根理论的探索[J].现代远距离教育(4):48-55.

张欢瑞,张文霞,杨芳,2019.基于 MOOC 的混合式教学模式对英语学习策略的影响研究:以"基础英语听说"课程为例[J].外语电化教学(5):39-44.

张佩霞,吴宇驰,2013.近 10 年国内日语教学研究的现状考察[J].日语学习与研究(6):42-50.

张喜艳,王美月,2016.MOOC 社会性交互影响因素与提升策略研究:人的社会性视角[J].中国电化教育(7):63-68.

张秀芹,贺玉珍,2018.网络实时文本交际互动中的同伴支架研究:与课堂互动相比较[J].解放军外国语学院学报,41(4):96-102.

张文丽,赵蔚青,曹红荃,孙莉,李佳洋,常虹,2018.《大学日语》慕课建设实践报告[J].高等日语教育(2):14-24,167.

张文丽,董一诺,孙莉,等,2022.基于学习者视角的外语在线课程质量评价指标研究[J].外语与外语教学(4):111-121,149.

张文静,2014.基于大学日语教学的在线学习模式研究[J].情报科学,32(5):153-156.

张晓蕾,黄振中,李曼丽,2017.在线学习者"交互学习"体验及其对学习效果影响的实证研究[J].清华大学教育研究,38(2):117-124.

张哲,陈晓慧,王以宁,2018.教师信息技术应用行为影响因素模型构建研究[J].中国电化教育(1):118-125.

郑勤华,于畅,陈丽,2016.基于学习者视角的 MOOCs 教学交互状况调查研究[J].中国电化教育(6):77-85.

郑勤华,李秋劼,陈丽,2016.MOOCS 中学习者论坛交互中心度与交互质量的关系实证研究[J].中国电化教育(2):58-63.

郑新民,苏秋军,2020.后 MOOC 时代大学英语教师混合教学策略与信念探究[J].外语电化教学(2):15-21.

郑咏滟,2019.SPOC 混合式教学在英语学术写作课堂中的促学效果研究[J].外语电化教学(5):50-55.

周德青,杨现民,李新,2021.在线开放课程的学习者评价数据分析框架研究:以"中小学教师数据素养"在线开放课程为例[J].现代教育技术,31(8):92-101.

朱桂荣,2021.高校日语教师专业发展现状研究:基于反思型工作坊的质性分析[J].日语学习与研究(4):99-108.

朱祖林,毕磊,郭允建,汤诗华,2016.我国远程教育研究 2015 年度进展报告[J].远程教育杂志,34(5):13-26.

邹儒楠,于建荣,2015.数字时代非正式学术交流特点的社会网络分析:以小木虫生命科学论坛为例[J].情报科学,33(7):81-86.

中华人民共和国教育部.教育部关于一流本科课程建设的实施意见[EB/OL].(2019-10-24)[2023-6-30].http://www.moe.gov.cn/srcsite/A08/s7056/201910/t20191031_406269.html.

中共中央、国务院.中国教育现代化 2035[EB/OL].(2019-02-23)[2023-6-30].http://www.gov.cn/xinwen/2019-02/23/content_5367987.html.

中华人民共和国教育部.教育信息化 2.0 行动计划[EB/OL].(2018-04-18)[2023-6-30].http://www.moe.gov.cn/srcsite/A16/s3342/201804/t20180425_334188.html.

尹智鉉,岩崎浩与司,2018.教育現場でのICT 利活用を促すために必要なものは何か日本語教師を対象とした意識調査の結果から[J].e-Learning 教育研究(12):1-12.

大関浩美,2010.日本語を教えるための第二言語習得論入門[M].東京:くろしお出版.

曹紅荃,黒田史彦,八木豊,等,2011.学習者作文コーパスのための誤用種別の整備と分析.異文化コミュニケーションのための日本語教育②[C].北京:高等教育出版社:520-521.

大学 ICT 推進協議会.MOOC 等を活用した教育改善に関する調査研究[EB/OL].(2015-03-24)[2023-6-30].http://www.mext.go.jp/a_menu/koutou/itaku/1357548.htm.

戸田貴子,2016.MOOCsによる日本語発音講座—発音の意識化を促す工夫と試み[J],早稲田日本語教育学(21):193-198.

村上正行,山田政寛,山川修,2011.SNSを活用した教育・学習の実践・評価[J],
　教育システム情報学会誌 28(1):36-49.

迫田久美子,2004.日本語教育に生かす——第二言語習得研究[M].東京:大日本
　印刷株式会社.

義永美央子,2009.第二言語習得研究における社会的視点:認知的視点との比較
　と今後の展望—[J].社会言語科学,12(1):15-31.

CORDER S P,1967. The significance of learners' errors[J]. International review
　of applied linguistics in language teaching,5(4),161-170.

ENGESTRÖM Y, 2000. Activity theory as a framework for analyzing and
　redesigning work. Ergonomics,43(7),960-974.

FREDRICKS J A,BLUMENFELD P C,PARIS A H,2004. School engagement:
　Potential of the concept, state of the evidence[J]. Review of Educational
　Research,74(1),59-109.

KHALIL H, EBNER M, 2014. MOOC completion rates and possible methods to
　improve retention: A literature review[C]// Proceedings of world conference on
　educational multimedia, hypermedia and telecommunications 2014. Tampere:
　Association for the Advancement of Computing in Education (AACE):1305-1313.

KIZILCEC R F,PIECH C,SCHNEIDER E,2013. Deconstructing disengagement:
　Analyzing learner subpopulations in massive open online courses [C]//
　SUTHERS D,VERBERT K,DUVAL E. Proceedings of the third international
　conference on learning analytics and knowledge. New York:ACM:170-179.

KUH G D,CHEN D,LAIRD T F N,2007. Why teacher-scholars matter:Some
　insights from FSSE and NSSE[J]. Liberal education,93(4),40-45.

LIYANAGUNAWARDENA T R. ,ADAMS A A,WILLIAMS S A,2013. MOOCs:A
　systematic study of the published literature 2008—2012[J]. International review of
　research in open and distributed learning,14(3),202-227.

LONG M H, 1983. Native speaker/non-native speaker conversation and the
　negotiation of comprehensible input[J]. Applied linguistics,4(2),126-141.

LONG M H,1990. The least a second language acquisition theory needs to explain

[J]. TESOL quarterly,24(4),649 – 666.

LONG M H,1996. The role of the linguistic environment in second language acquisition[C]// RITCHIE W,BHATIA T,Handbook of second language acquisition. New York:Academic Press:403 – 468.

MOORE M G,1989. Three types of interaction[J]. The American journal of distance education,3(2),1 – 6.

UNESCO,2013. UNESCO ICT competency framework for teachers[EB/OL]. (2013 – 01 – 24)[2023 – 6 – 30]. http://unesdocunesco. org/images/0021/002134/213475e. pdf.

VYGOTSKY L S,1978. Mind in society:The development of higher psychological processes[M]. Cambridge:Harvard University Press.

WANG L,HU G,ZHOU T,2018. Semantic analysis of learners' emotional tendencies on online MOOC education[J]. Sustainability,10(6),1921.

XIE Z,2019. Bridging MOOC education and information sciences:Empirical studies[J]. IEEE Access,7,74206 – 74216.

YUAN L,POWELL S,2013. MOOCs and open education:Implications for higher education[EB/OL]. (2013 – 03 – 10)[2023 – 6 – 30]. http://publications. cetis. ac. uk/2013/667.

附　录

附录1　国内主要平台日语课程汇总表

国内主要在线教育平台日语课程汇总表①

序号	课程名称	主要负责人	开课院校	上线平台
1	大学日语	张文丽	西安交通大学	中国大学 MOOC
2	大学日语提高篇	曹红荃	西安交通大学	中国大学 MOOC
3	实用日语（上）	刘婷	南昌大学	中国大学 MOOC
4	初级日语（1）	朴贞姬	北京语言大学	中国大学 MOOC
5	日语精读	宿久高	吉林大学	中国大学 MOOC
6	综合日语	姚灯镇	解放军外国语学院	中国大学 MOOC
7	基础日语语法	曾婧	上海外国语大学	中国大学 MOOC
8	综合日语实践——基础日语1	周异夫	吉林大学	中国大学 MOOC
9	日语高级视听	刘婷	南昌大学	中国大学 MOOC
10	综合日语入门	王慧荣	山东大学	中国大学 MOOC
11	二外日语	娜仁图雅	华中师范大学	中国大学 MOOC
12	大学日语发展篇	孙莉	西安交通大学	中国大学 MOOC
13	大学日语进阶篇	赵蔚青	西安交通大学	中国大学 MOOC
14	日本文化解读	王丹丹	电子科技大学	中国大学 MOOC
15	日语——自由自在日本行	陈凤川	暨南大学	中国大学 MOOC
16	实用日语（下）	刘婷	南昌大学	中国大学 MOOC
17	日本近现代文学选读	高洁	上海外国语大学	中国大学 MOOC
18	中级日语阅读	王丽莉	长春师范大学	中国大学 MOOC
19	日语翻译理论与实践	修刚	天津外国语大学	中国大学 MOOC
20	日语翻译	刘利国	大连外国语大学	中国大学 MOOC
21	中国文化的日本之旅	周异夫	吉林大学	中国大学 MOOC

① 此表为 2020 年 9 月调查数据。

续表

序号	课程名称	主要负责人	开课院校	上线平台
22	日本与日本文化	吴英杰	对外经济贸易大学	中国大学 MOOC
23	日本近代文学家名著导读	谭晶华	上海外国语大学	中国大学 MOOC
24	中级日语听说	韩兰灵	大连理工大学	中国大学 MOOC
25	日本历史与文化	邢永凤	山东大学	中国大学 MOOC
26	日本大众文化	王书玮	北京科技大学	中国大学 MOOC
27	日本近代文学史	高洁	上海外国语大学	中国大学 MOOC
28	东亚文化视野下的日本语言文学	尹松	华东师范大学	中国大学 MOOC
29	日语会话基础	张文池	苏州农业职业技术学院	中国大学 MOOC
30	日本文学史(近代部分)	张文颖	北京第二外国语学院	中国大学 MOOC
31	日语入门	张小琴	扬州市职业大学	中国大学 MOOC
32	日本社会文化	孙阔	扬州市职业大学	中国大学 MOOC
33	日本近现代文学作品赏析	陈春雷	扬州市职业大学	中国大学 MOOC
34	日语与日本文化	冯峰、高阳	清华大学	学堂在线
35	日语初级	李博	华南理工大学	学堂在线
36	日语——自由自在日本行	陈凤川	暨南大学	学堂在线
37	日语与日本文化进阶	高阳、冯峰	清华大学	学堂在线
38	日本文化概论	韩立红	南开大学	学堂在线
39	实用日语会话	冯海鹰	清华大学	学堂在线
40	日语交际功能语法	段克勤、刘笑非	北京林业大学	学堂在线
41	基础日语(一)	郑颖、张锐	岭南师范学院	学堂在线
42	中级日语听说	韩兰灵、时春慧	大连理工大学	学堂在线
43	日语概论	罗米良	大连外国语大学	学堂在线
44	跟我一起学日语	张玲	青岛职业技术学院	智慧树
45	在历史坐标上解析日本	冯玮	复旦大学	智慧树
46	大学日语	张文丽	西安交通大学	智慧树
47	日语实用语法	杨柳	湖南师范大学	智慧树
48	日本概况——四季流转中的日本文化史	郑杨	哈尔滨师范大学	智慧树
49	日本礼仪	邵红	青岛职业技术学院	智慧树
50	轻松学日语	隋玉芳	山东科技大学	智慧树

续表

序号	课程名称	主要负责人	开课院校	上线平台
51	中级日语阅读	王丽莉	长春师范大学	智慧树
52	日本企业文化与礼仪	金锦善	哈尔滨师范大学	智慧树
53	日语阅读与思辨	席娜	天津外国语大学	智慧树
54	东亚文化视野下的日本语言文学	尹松	华东师范大学	智慧树
55	日语语法难点攻略	李桂华	青岛滨海学院	智慧树
56	日本作家与中国	齐珮	上海海洋大学	智慧树
57	N5N4N3 日语听力分阶突破	丁文博	吉林财经大学	智慧树
58	日本思想史入门	葛睿	西安外国语大学	智慧树
59	初级日语入门	陈显才	海南外国语职业学院	智慧树
60	日语阅读	王冲	大连理工大学	智慧树
61	日语——自由自在日本行	陈凤川	暨南大学	好大学在线
62	日本文化艺术专题	滕军	北京大学	华文慕课
63	日语与日本文化(1)	冯峰、高阳	清华大学	edX
64	日语与日本文化(2)	冯峰、高阳	清华大学	edX
65	日本文化艺术专题	滕军	北京大学	edX
66	现代生活美学:花之道	刘惠芬	清华大学	edX
67	公共日语	滕军	北京大学	超星尔雅
68	中日茶道文化	陆留弟	华东师范大学	超星尔雅
69	日本人与日本社会	李书成	北京外国语大学	超星尔雅
70	今天的日本	贾成厂	北京科技大学	超星尔雅
71	近代中日关系史研究	王晓秋	北京大学	超星尔雅
72	日本近现代文学选读	谭晶华	上海外国语大学	超星尔雅
73	日语入门	刘晓春	安徽中澳科技职业学院	安徽省网络课程学习中心
74	商务日语口语	李珊珊	安徽国际商务职业学院	安徽省网络课程学习中心
75	基础日语1	杜彬彬	浙江越秀外国语学院	浙江省高等学校在线开放课程共享平台

序号	课程名称	主要负责人	开课院校	上线平台
76	日本国家概况	汪洋	浙江越秀外国语学院	浙江省高等学校在线开放课程共享平台
77	日语语法(初级)	陆晓鸣	温州医科大学仁济学院	浙江省高等学校在线开放课程共享平台
78	现代日本概况	孙立春	杭州师范大学	浙江省高等学校在线开放课程共享平台
79	第二外语(日语)初级	庞佩	浙江师范大学行知学院	浙江省高等学校在线开放课程共享平台
80	趣味日语在线课堂	朱晓凡	浙江外国语学院	浙江省高等学校在线开放课程共享平台
81	基础日语	宋琦	湖州师范学院	浙江省高等学校在线开放课程共享平台
82	日本商务礼仪文化	王君	浙江万里学院	浙江省高等学校在线开放课程共享平台
83	应用日语	何露丹	浙江育英职业技术学院	浙江省高等学校在线开放课程共享平台
84	综合日语1	卢杭央	宁波职业技术学院	浙江省高等学校在线开放课程共享平台
85	日语翻译理论与实践三	陆晓鸣	温州医科大学	浙江省高等学校在线开放课程共享平台

续表

序号	课程名称	主要负责人	开课院校	上线平台
86	日本语概论	陈文君	浙江外国语学院	浙江省高等学校在线开放课程共享平台
87	日语语音	吴玲	浙江工商大学	浙江省高等学校在线开放课程共享平台
88	高级日语(1)	张永平	湖州师范学院	浙江省高等学校在线开放课程共享平台
89	商务日语口语	孙一敏	浙江经贸职业技术学院	浙江省高等学校在线开放课程共享平台
90	综合日语	冯千	四川外国语大学	重庆高校在线开放课程平台
91	日本文化概论	杨红	重庆三峡学院	重庆高校在线开放课程平台
92	日语学科教学论	王琪	哈尔滨师范大学	学银在线
93	综合日语实践——基础日语1	周异夫	吉林大学	学银在线
94	日本社会文化鉴赏	卜庆立	阿坝师范学院	学银在线
95	日本近现代文学选读	高洁	上海外国语大学	学银在线
96	日语泛读	鲍永辉	长春大学旅游学院	学银在线
97	日语精读	孙胜广	吉林大学	学银在线
98	日本文化赏析	马亚琴	湖南外国语职业学院	学银在线
99	日语应用文写作	于爱波	江西外语外贸职业学院	学银在线
100	日本国概况	邓红霞	江西外语外贸职业学院	学银在线
101	中日交流史——中国文化的日本之旅	周异夫	吉林大学	学银在线
102	旅游日语轻松说	谢淑媛	福建师范大学协和学院	学银在线
103	日本文化鉴赏	王秋萍	兰州大学	学银在线
104	日语高级视听	刘婷	南昌大学	学银在线

序号	课程名称	主要负责人	开课院校	上线平台
105	日语翻译理论与实践	修刚	天津外国语大学	学银在线
106	饭店日语	郭燕	江西旅游商贸职业学院	学银在线
107	二外(日语)I	张华	中原工学院信息商务学院	优学院
108	日语翻译理论与实践三	陆晓鸣	温州医科大学	优学院
109	旅游日语	陈苗君	武汉职业技术学院	优学院
110	日语高级视听	刘婷	南昌大学	优学院
111	基础日语I	吴燕	苏州工业园区职业技术学院	优学院
112	初级日语1	何蔚泓	北京外国语大学	中国高校外语慕课平台
113	实用日语(上)	刘婷	南昌大学	中国高校外语慕课平台
114	日语高级视听	刘婷	南昌大学	中国高校外语慕课平台
115	中级日语听说	韩兰灵	大连理工大学	中国高校外语慕课平台
116	日语阅读与思辨	席娜	天津外国语大学	中国高校外语慕课平台
117	实用日语(下)	刘婷	南昌大学	中国高校外语慕课平台
118	综合日语1	成芳芳	大连理工大学	高校邦慧慕课
119	综合日语2	吴世兰	大连理工大学	高校邦慧慕课
120	综合日语4	王玉明	大连理工大学	高校邦慧慕课
121	综合日语3	王玉明	大连理工大学	高校邦慧慕课

中国大学 MOOC 平台日语课程汇总表①

序号	课程名称	主要负责人	开课院校	上线平台
1	大学日语＊②	张文丽	西安交通大学	中国大学 MOOC
2	大学日语提高篇＊	曹红荃	西安交通大学	中国大学 MOOC
3	综合日语入门＊	王慧荣	山东大学	中国大学 MOOC
4	综合日语实践——基础日语 1＊	周异夫	吉林大学	中国大学 MOOC
5	基础日语语法＊	曾婧	上海外国语大学	中国大学 MOOC
6	中级日语听说＊	韩兰灵	大连理工大学	中国大学 MOOC
7	实用日语（上）＊	刘婷	南昌大学	中国大学 MOOC
8	中级日语阅读＊	王丽莉	长春师范大学	中国大学 MOOC
9	中国文化的日本之旅＊	周异夫	吉林大学	中国大学 MOOC
10	日本大众文化＊	王书玮	北京科技大学	中国大学 MOOC
11	中级日语语法	曾婧	上海外国语大学	中国大学 MOOC
12	日语语音	凌蓉	上海外国语大学	中国大学 MOOC
13	新标准日本语	张元卉	北京理工大学	中国大学 MOOC
14	新标准日本语（进阶）	张元卉	北京理工大学	中国大学 MOOC
15	综合日语	高婵	北京语言大学	中国大学 MOOC
16	基础日语	张卫娣	河南科技大学	中国大学 MOOC
17	基础日语 1	徐灵芝	常州工学院	中国大学 MOOC
18	日语高级视听	刘婷	南昌大学	中国大学 MOOC
19	实用交际日语	杨峻	北京语言大学	中国大学 MOOC
20	二外日语（1）	娜仁图雅	华中师范大学	中国大学 MOOC
21	二外日语（2）	娜仁图雅	华中师范大学	中国大学 MOOC
22	大学日语发展篇	孙莉	西安交通大学	中国大学 MOOC
23	大学日语进阶篇	赵蔚青	西安交通大学	中国大学 MOOC
24	日本文化解读	王丹丹	电子科技大学	中国大学 MOOC
25	日语——自由自在日本行	陈凤川	暨南大学	中国大学 MOOC
26	实用日语（下）	刘婷	南昌大学	中国大学 MOOC
27	日本近现代文学选读	高洁	上海外国语大学	中国大学 MOOC
28	日语中级口译	赵寅秋	常州工学院	中国大学 MOOC

① 此表为 2023 年 6 月调查数据。

② ＊号表示"精品课程"。

序号	课程名称	主要负责人	开课院校	上线平台
29	中国文化的日本之旅	周异夫	吉林大学	中国大学 MOOC
30	日本近现代文学作品赏析	陈春雷	扬州市职业大学	中国大学 MOOC
31	日语学习难点解析	庄倩	南京大学	中国大学 MOOC
32	日本历史与文化	邢永凤	山东大学	中国大学 MOOC
33	高级日汉翻译	费建华	战略支援部队信息工程大学	中国大学 MOOC
34	日本近代文学史	高洁	上海外国语大学	中国大学 MOOC
35	东亚文化视野下的日本语言文学	尹松	华东师范大学	中国大学 MOOC
36	日语会话基础	张文池	苏州农业职业技术学院	中国大学 MOOC
37	初级日语视听说（上）	汤丽	北京理工大学	中国大学 MOOC
38	初级日语视听说（下）	汤丽	北京理工大学	中国大学 MOOC
39	日本文学史（近代部分）	张文颖	北京第二外国语学院	中国大学 MOOC
40	日语入门	张小琴	扬州市职业大学	中国大学 MOOC
41	日本社会文化	孙阔	扬州市职业大学	中国大学 MOOC
42	日本近现代文学作品赏析	陈春雷	扬州市职业大学	中国大学 MOOC
43	日语——自由自在日本行	陈凤川	暨南大学	中国大学 MOOC
44	IT 日语	洪洁	南京邮电大学	中国大学 MOOC

附录2　学习者学习经历及满意度调查

感谢您选择本课程,为了解大家的学习情况,我们制作了本问卷。有了您的反馈,我们才会进步,完成问卷大概需要5分钟,非常感谢您的协助！本问卷与课程成绩没有任何关联,请按实际情况作答。我们相信,做完问卷,您会对在线学习有一些反思。

第一部分:基本信息

1. 性别:(1)男　　　　　　　　(2)女

2. 年龄段:(1)10岁以下　　　(2)10～20岁　　　(3)20～30岁
　　　　　(4)30～40岁　　　(5)40～50岁　　　(6)50岁以上

3. 身份:(1)中小学生　　　　(2)大学生　　　　(3)研究生
　　　　(4)上班族　　　　　(5)自由职业　　　(6)退休　　　(7)其他_____

第二部分:学习经历

4. 您在学习本课程前是否学习过日语:(1)是　　　　　　　　(2)否

5.【多选】您选择本课程的原因是:

(1)二外或辅修课　　　　　　　(2)对日语感兴趣

(3)对西交大开设的日语课程感兴趣　(4)想要脱离字幕看动漫或日剧

(5)为去日本留学或旅游做准备　(6)一时兴起,打发时间　　(7)其他_____

6. 您的学习习惯是:

(1)每周课程一发布,定时上线学习　　　(2)闲暇时想起来了就上线学习

(3)临近截止日期抓紧学习　　　　　　(4)其他_____

7. 您每周花多少时间学习本课程:(1)1小时以下　　　(2)1～2小时
　　　　　　　　　　　　　　　(3)2～3小时　　　(4)3小时以上

8. 您是否阅读过公告:(1)是　　　　　　　　(2)否

9. 您是否反复观看过课件视频:(1)是　　　　　　　　(2)否

10. 您在观看课件视频时,是否边看边做笔记:(1)是　　　(2)否

11. 您是否对教材或笔记进行过预习或复习:(1)是　　　(2)否

12. 您是否坚持做每一课的单元测试:(1)是　　　　　　　(2)否

13. 您是否浏览过讨论区置顶帖、精华帖及补充资料:(1)是　　　(2)否

14. 您是否参与过每课讨论题的讨论(在"课堂交流区"发帖)：(1)是　　　(2)否

15. 您是否参与过"综合讨论区"或"老师答疑区"的发帖或回帖：(1)是　　　(2)否

16.【15题选择"是"时出现】您是否复制粘贴过别人的答案,然后发布在讨论区中：

(1)是　　　　　　　(2)否

17.【15题选择"是"时出现】【多选】您愿意参与发帖或回帖的原因是：

(1)向老师及助教提问可以得到积极回复

(2)老师及助教的回复比百度搜索的答案靠谱

(3)可以获得讨论成绩

(4)其他_____

18.【15题选择"是"时出现】对于老师、助教和同学回复的知识点,您是否做过笔记：

(1)是　　　　　　　(2)否

19.【15题选择"否"时出现】【多选】您不想参与发帖或回帖的原因是：

(1)没时间　　　(2)没疑问　　　(3)懒得发帖,只想看看别人的帖子

(4)更习惯使用百度等搜索引擎　　　(5)其他_____

20. 您是否意识到在线学习需要付出的努力并不亚于线下学习：

(1)是　　　　　　　(2)否

21.【多选题】您完成了本课程的哪些部分：

(1)观看所有课件视频　　(2)做完单元测试　　(3)参与所有"课堂讨论区"讨论题

(4)完成期末测试　　　(5)以上任何一个都未完成

22.【21题选择(4)时出现】您的期末成绩是否合格：

(1)是　　　　　　　(2)否

在学习本课程的过程中,您遇到了哪些困难?

题目	很不同意	不同意	一般	同意	很同意
23. 最近较忙,没有时间。					
24. 没人监督,难以自律,无法坚持。					
25. 不习惯在线学习的方式,难以集中注意力。					
26. 在线学习学了就忘,没有学到知识的成就感。					
27. 课程内容太难,进度太快。					
28. 课程内容太无趣,没有吸引力。					
29. 课程内容太简单,进度太慢。					

题目	很不同意	不同意	一般	同意	很同意
30.发帖没有收到老师、助教或同学的回复。					
31.没有找到一起学习交流的同伴，比较孤独。					
32.对平台功能不熟悉，不会操作。					

当您想要放弃继续学习课程时，希望老师或平台如何激励您？

题目	很不同意	不同意	一般	同意	很同意
33.在公告中鼓励我。					
34.在讨论区帮我解决难题。					
35.组织小组讨论等活动，提升参与感。					
36.平台将我的学习成果可视化，提升成就感。					
37.加入游戏学习的元素，增强趣味性。					
38.平台向我发送打卡提醒。					
39.去意已决，不需要激励。					

第三部分：满意度及意见

40.【打分】您对本课程是否满意：

○很不满意　○不满意　○一般满意　○满意　○很满意

41.【25题打3分及以下时出现】【填空】您认为本课程有哪些需要改进的地方：

_____

42.【打分】您对中国大学MOOC平台是否满意：

○很不满意　○不满意　○一般满意　○满意　○很满意

43.【25题打3分及以下时出现】【填空】您认为中国大学MOOC平台有哪些需要改进的地方：

_____

附录3　在线翻译作业

章节	翻译题目	参考答案	知识点
第4章 自我介绍	①小王和小李都是医学院的学生。 ②A:铃木先生是大学老师吗? 　B:不是,是公司职员。	①李さんも王さんも医学部の学生です。 ②A:鈴木さんは大学の先生ですか。B:いいえ、会社員です。	…は…です; …も…も…です; N₁のN₂;N₁とN₂; ー さん/先生; …は…ですか
第5章 家人	①这是我的笔记本电脑,那是铃木的台式电脑。 ②爸爸是医生,妈妈是教师。	①これは私のノートパコンです、それは鈴木のデスクトップパソコンです。 ②父は医者で、母は先生です。	これ/それ/あれ/どれ; …は…で、…は…です; 家庭メンバー
第6章 校园指南	我家附近有超市、银行和医院等。	家の近くにスーパー、銀行と病院などがあります。	…に…があります; N₁やN₂(など)
第7章 一天的生活	①我每天8点到12点有课。 ②我下周一去东京,在日本的大学学习一年。	①私は毎日8時から12時まで授業があります。 ②私は来週の月曜日に、東京に行きます。日本の大学で一年間勉強します。	…から…まで; 時間表現; …にVます; …でVます; 時間名詞
第8章 校园文化节	①我每天早晨喝咖啡,我姐姐喝茶。 ②昨天没有去学校,去看电影了。	①私は毎日コーヒーを飲みます。姉はお茶を飲みます。 ②昨日は学校に行かなかったが、映画を見に行きました。	Vます; Nに行きます
第9章 公寓	①我的房间很大,但是不太干净。 ②我日语不好。	①私の部屋は広いですが、きれいではありません。 ②私は日本語が下手です。	…はAいです; …はANではありません; …はANです

续表

章节	翻译题目	参考答案	知识点
第10章 季节与天气	①昨天的那部电影没什么意思。 ②我每天早上喝热茶。	①昨日の映画は面白くなかったです。 ②私は毎朝熱いお茶を飲みます。	Aくなかったです； AいN
第11章 邀请	①老师说："下周要考试。" ②我昨天去书店，买了很多书。	①先生は、「来週、試験がある」といいました。 ②昨日、私は本屋に行き、本をたくさん買いました。	「～」とVます；
第12章 购物	①这家店很好吃，在这里吃午饭吧。 ②我洗完衣服之后去超市买东西。	①この店は美味しいですから、ここで昼ご飯を食べましょう。 ②私は服を洗ったあとで、スーパーに買い物に行きます。物を買いに行きます。	～から～； V₁たあとで、V₂ます
第13章 餐厅	①据说明天会变冷。 ②第二外语我选日语。	①明日、天気が寒くなるそうです。 ②第二外国語は日本語にします。	Aいそうです； …にします；
第14章 在研究室	①我通过看日本动漫来学习日语。 ②我今天去博物馆了，但是周一闭馆。	①私は日本のアニメを見て、日本を勉強します。 ②今日、図書館に行きましたが、月曜日は閉館しました。	V₁てV₂ます； ～が、～
第15章 圣诞礼物	①周末的时候，我经常边听音乐边看小说。 ②明天天气好的话，一起去公园玩吧。	①休日の時、私はよく音楽を聞きながら、小説を読みます。 ②明日、天気が良ければ、一緒に公園で遊びましょう。	V₁ながらV₂ます； 形容詞「ば形」； Vましょうか

附录4　二外日语学习成效影响因素的问卷调查

姓名：_____　　学号：_____

1.参加二外日语课程之前,我曾有过混合式(MOOC＋线下课堂)学习经历。

○是　　○否

2.参加二外日语课程之前,我曾有过日语学习经历。

○是　　○否

3.我学习日语的目的还包括。

○考研　　○就业　　○交友　　○以上均不符合　　○其他_____

4.我有信心学好日语。

○非常符合　　○符合　　○不确定　　○不符合　　○非常不符合

5.我能有意识的控制自己认真学习。

○非常符合　　○符合　　○不确定　　○不符合　　○非常不符合

6.我认真学习日语是为了满足自己的兴趣和求知欲。

○非常符合　　○符合　　○不确定　　○不符合　　○非常不符合

7.我学习日语是为了完成老师要求的任务。

○非常符合　　○符合　　○不确定　　○不符合　　○非常不符合

8.我学习日语是为了期末考试。

○非常符合　　○符合　　○不确定　　○不符合　　○非常不符合

9.同伴的学习态度会很大程度上影响我。

○非常符合　　○符合　　○不确定　　○不符合　　○非常不符合

10.经常主动与同学探讨关于日语学习的问题。

○非常符合　　○符合　　○不确定　　○不符合　　○非常不符合

11.遇到问题时,能很方便地从同伴那里得到帮助。

○非常符合　　○符合　　○不确定　　○不符合　　○非常不符合

12.在日语学习过程中,老师会鼓励、表扬或肯定我。

○非常符合　　○符合　　○不确定　　○不符合　　○非常不符合

13.每次向老师求助都得到及时的解答。

○非常符合　　○符合　　○不确定　　○不符合　　○非常不符合

14.我和日语老师相处得很融洽、愉快。

○非常符合　　○符合　　○不确定　　○不符合　　○非常不符合

15.课程难度适中。

○非常同意　○同意　○不确定　○不同意　○非常不同意

16.二外日语 SPOC 平台的学习资源基本能满足我的学习需求。

○非常同意　○同意　○不确定　○不同意　○非常不同意

17.面授教学对我的学习很有帮助。

○非常同意　○同意　○不确定　○不同意　○非常不同意

18.课前课后的学习活动能帮助我在课堂上更有效地学习。

○非常同意　○同意　○不确定　○不同意　○非常不同意

19.在线自主学习和线下授课相结合的混合学习方式使学习变得丰富多样。

○非常同意　○同意　○不确定　○不同意　○非常不同意

20.在日语班里,我感觉自己是班级的一分子。

○非常符合　○符合　○不确定　○不符合　○非常不符合

21.我喜欢日语班的课堂学习氛围。

○非常符合　○符合　○不确定　○不符合　○非常不符合

22.我对目前的日语学习状态感到满意。

○非常符合　○符合　○不确定　○不符合　○非常不符合

23.我愿意在学习中一直采取混合式的学习方式。

○非常符合　○符合　○不确定　○不符合　○非常不符合

24.对本课程的意见或建议。

25.基于问卷的收集情况,我们可能会追加对学习者的采访。如果您有可能接受关于本课程的采访,请留下您的联系方式。

感谢您的回答!

访谈大纲

1.对你而言,日语学习的目的在于?

2.喜欢混合式学习吗? 你觉得效果好吗?

3.多长时间登录一次平台? 经常手写日语吗?

4.你在什么时候感觉自己学习日语投入度最高? 哪些情况下容易走神?

5.二外日语课让你体验到了成就感吗? 具体在什么时候感受最强烈?

6.你认为混合式教学使你和同学之间的距离更远了吗?